中华人民共和国
治安管理处罚法

新旧对照与重点解读

中国法治出版社
CHINA LEGAL PUBLISHING HOUSE

图书在版编目（CIP）数据

中华人民共和国治安管理处罚法新旧对照与重点解读 / 王宁编著. -- 北京 : 中国法治出版社，2025. 6（2025. 10 重印）.

ISBN 978-7-5216-5372-4

Ⅰ. D922. 145

中国国家版本馆 CIP 数据核字第 2025VD8946 号

责任编辑：王　彤　　封面设计：赵　博

中华人民共和国治安管理处罚法新旧对照与重点解读

ZHONGHUA RENMIN GONGHEGUO ZHI'AN GUANLI CHUFAFA XINJIU DUIZHAO YU ZHONGDIAN JIEDU

经销/新华书店

印刷/保定市中画美凯印刷有限公司

开本/850 毫米×1168 毫米　32 开　　印张/ 7　字数/ 161 千

版次/2025 年 6 月第 1 版　　2025 年 10 月第 3 次印刷

中国法治出版社出版

书号 ISBN 978-7-5216-5372-4　　定价：21. 00 元

北京市西城区西便门西里甲 16 号西便门办公区

邮政编码：100053　　传真：010-63141600

网址：http：//www. zgfzs. com　　编辑部电话：010-63141675

市场营销部电话：010-63141612　　总编室电话：010-63141606

（如有印装质量问题，请与本社总编室联系。）

目　录

《中华人民共和国治安管理处罚法》学习导读

现行《中华人民共和国治安管理处罚法》于2005年8月28日由第十届全国人大常委会第十七次会议审议通过，自2006年3月1日起施行。法律施行以来，在维护社会治安秩序，保障公共安全，保护公民、法人和其他组织的合法权益等方面发挥了重要作用。随着全面依法治国深入推进、社会治安形势不断变化，实践中治安管理方面出现一些问题，需要通过修改完善治安管理处罚法[①]予以解决。

修订治安管理处罚法列入了十四届全国人大常委会立法规划和全国人大常委会2025年度立法工作计划。2025年6月27日，新修订的治安管理处罚法由十四届全国人大常委会第十六次会议三次审议后高票通过，国家主席习近平于当日签署主席令予以公布，自2026年1月1日起施行。修订治安管理处罚法是深入贯彻落实习近平

① 本书中其他法律法规简称无特殊标注的采用同样的处理方式。

总书记关于社会治安管理工作的重要指示精神和党中央、国务院决策部署，更好适应治安管理工作面临的新形势、新要求，总结提炼治安管理工作中一些好的机制和做法，对维护社会治安秩序，保障公共安全，保护公民、法人和其他组织的合法权益，规范和保障公安机关及其人民警察依法履行治安管理职责具有重要意义。

修订后的治安管理处罚法深入贯彻习近平法治思想，全面贯彻落实总体国家安全观，一是强调治安管理工作要坚持党的领导，坚持综合治理；二是立足及时有效化解矛盾纠纷、维护社会治安秩序，将新出现的一些危害社会治安秩序的行为纳入法律当中，增加相应处罚；三是与新修订的行政处罚法等其他法律衔接协调，进一步合理设定处罚措施和幅度，优化处罚程序。修订后的治安管理处罚法共六章一百四十四条，修订的主要内容包括：

一、坚持党的领导

在现行法规定“各级人民政府应当加强社会治安综合治理，采取有效措施，化解社会矛盾，增进社会和谐，维护社会稳定”的基础上，明确规定“治安管理工作坚持中国共产党的领导”。

二、增列违反治安管理应予处罚的行为

一是将考试作弊、组织领导传销活动、妨害国家重要活动秩序等行为增列为扰乱公共秩序的行为并给予处罚。

二是将以抢控方向盘等方式干扰公共交通工具正常行驶、升放携带明火的升空物体、高空抛物、违反无线电管理、违规飞行“无人机”等行为增列为妨害公共安全的行为并给予处罚。

三是将违反证人保护措施、采取滋扰纠缠等方法干扰他人正常生活、虐待所监护的幼老病残人员、违法出售或者提供公民个人信息等行为增列为侵犯人身、财产权利的行为并给予处罚。

四是将娱乐场所和特定行业经营者不按规定登记信息或者不履行报告义务、非法使用窃听窃照器材、非法生产经营易制毒化学品、社会生活噪声扰民、违反规定出售、饲养烈性犬等增列为妨害社会管理的行为并给予处罚。

三、合理设定处罚措施和幅度

一是加强与和解、人民调解的衔接，明确对于因民间纠纷引起的打架斗殴或者损毁他人财物等违反治安管理行为，情节较轻的，当事人自行和解或者经人民调解委员会调解达成协议并履行，书面申请经公安机关认可的，不予处罚。

二是增加从轻处罚规定，建立认错认罚从宽制度。

三是为保护公民合法权益，维护社会公平正义，在本法中明确公民对不法侵害行为有权采取制止措施；制止行为明显超过必要限度造成较大损害的，减轻处罚；情节较轻的，不予处罚。

四是将再犯从重处罚的时间间隔由六个月内曾受过治安管理处罚延长至一年；缩小因不满十六周岁或者七十周岁以上的人不执行行政拘留的范围，规定在一年内二次以上违反治安管理的或者情节恶劣的，不受不执行行政拘留处罚规定的限制。

五是根据经济社会发展的实际，适当提高罚款幅度，并重点针对非法携带枪支弹药进入公共场所、拒不整改大型群众性活动安全事故隐患、非法以社会组织名义活动、在公共场所拉客招嫖等行为加大处罚力度。

四、优化处罚程序

一是完善立案、集体讨论决定、法制审核等程序规定，与新修订的行政处罚法相衔接。

二是增加规定，询问查证违反治安管理行为人、当场检查场所和由一名人民警察作出治安管理处罚决定等五类情形，应当全程同步录音录像，并规定了剪接、删改、损毁、丢失录音录像资料的法律责任。

三是完善强制传唤、询问查证、场所检查程序，增加对异地询问及远程视频询问制度的规定。

四是增加公安机关实施人身检查、采集人体生物识别信息的职权，规范提取、采集有关信息、样本的程序规定，明确条件和范围，并对个人信息保护提出要求。

五是将被处罚人有参加升学考试、子女出生或者近亲属病危、死亡等情形时增加为可以提出暂缓执行行政拘留的情形。

六是进一步扩大治安管理处罚听证的案件范围，保障当事人合法权益和公正执法。

五、加强对未成年人的保护

一是对涉及损害未成年人权益的行为，明确规定从重处罚。

二是规定询问不满十八周岁的违反治安管理行为人，其父母或者其他监护人不能到场的，可以通知其他合适成年人到场。

三是增加组织、胁迫未成年人从事陪酒、陪唱等有偿陪侍的处罚规定。

四是增加以殴打、侮辱、恐吓等方式实施学生欺凌违反治安管理的处罚规定。

此外，为进一步做好治安管理处罚法与刑法的衔接，修订后的治安管理处罚法增加规定：违反治安管理的行为构成犯罪，应当依法追究刑事责任的，不得以治安管理处罚代替刑事处罚。

治安管理处罚法涉及面广，广大公安干警、公民都需要认真学习。为了做好新修订治安管理处罚法的宣传解读工作，便于有关部门和单位、社会公众快速学习、了解新修订治安管理处罚法主要修改内容和修改考虑，全国人大常委会法制工作委员会刑法室参与治安管理处罚法修订工作的同志编写了《中华人民共和国治安管理处罚法新旧对照与重点解读》这部书籍，由刑法室二级巡视员王宁担任主编。因时间和水平有限，错误之处在所难免，欢迎读者批评指正。

编　者

2025 年 6 月 27 日

《中华人民共和国治安管理处罚法》新旧对照与重点解读表*

（左栏阴影部分为删除的内容，右栏黑体字为增加或修改的内容）

修订前	修订后
目　录	目　录
第一章　总　则	第一章　总　则
第二章　处罚的种类和适用	第二章　处罚的种类和适用
第三章　违反治安管理的行为和处罚	第三章　违反治安管理的行为和处罚
第一节　扰乱公共秩序的行为和处罚	第一节　扰乱公共秩序的行为和处罚
第二节　妨害公共安全的行为和处罚	第二节　妨害公共安全的行为和处罚
第三节　侵犯人身权利、财产权利的行为和处罚	第三节　侵犯人身权利、财产权利的行为和处罚
第四节　妨害社会管理的行为和处罚	第四节　妨害社会管理的行为和处罚
第四章　处罚程序	第四章　处罚程序
第一节　调　查	第一节　调　查
第二节　决　定	第二节　决　定
第三节　执　行	第三节　执　行
第五章　执法监督	第五章　执法监督
第六章　附　则	第六章　附　则

* 以下表格左栏为2012年10月26日第十一届全国人民代表大会常务委员会第二十九次会议修正后的《治安管理处罚法》，右栏为2025年6月27日第十四届全国人民代表大会常务委员会第十六次会议修订的新《治安管理处罚法》。（新修订的《治安管理处罚法》删去了2006年3月1日起施行的《治安管理处罚法》第六十一条、第六十二条、第七十六条的规定，本对照表不再作对照说明。）

第一章　总　　则

第一条　【立法目的和根据】

修订前	修订后
第一条　为维护社会治安秩序，保障公共安全，保护公民、法人和其他组织的合法权益，规范和保障公安机关及其人民警察依法履行治安管理职责，制定本法。	**第一条**　为了维护社会治安秩序，保障公共安全，保护公民、法人和其他组织的合法权益，规范和保障公安机关及其人民警察依法履行治安管理职责，**根据宪法**，制定本法。

这次修订对原治安管理处罚法第一条作了修改完善，增加“根据宪法”的规定。

我国宪法第二十八条规定，国家维护社会秩序，镇压叛国和其他危害国家安全的犯罪活动，制裁危害社会治安、破坏社会主义经济和其他犯罪的活动，惩办和改造犯罪分子。作为维护社会秩序的基础性法律，治安管理处罚法增加“根据宪法”规定，有利于在修订完善过程中坚持尊重和保障人权、过罚相当等原则，确保符合宪法规定、原则和精神，也有利于规范和保障公安机关在治安管理处罚法执法过程中做到规范执法，依法履职，坚持教育和处罚相结合，切实担负起维护社会治安秩序，保障公共安全，维护公民、法人和其他组织的合法权益的责任。

第二条　【党的领导和综合治理】

修订前	修订后
第六条　各级人民政府应当加强社会治安综合治理，采取有效	**第二条**　**治安管理工作坚持中国共产党的领导，坚持综合治理。**

措施，化解社会矛盾，增进社会和谐，维护社会稳定。	各级人民政府应当加强社会治安综合治理，采取有效措施，**预防和**化解社会矛盾**纠纷**，增进社会和谐，维护社会稳定。

这次修订对原治安管理处罚法第六条作了修改完善并前移作为第二条，增加“坚持中国共产党的领导，坚持综合治理”；体现“枫桥经验”，增加预防社会矛盾纠纷的规定。

主要作了以下修改：一是增加“治安管理工作坚持中国共产党的领导，坚持综合治理”规定作为第一款。贯彻落实坚持党的领导入法入规的要求，加强党对治安管理工作的领导。二是在第二款中增加预防社会矛盾纠纷的规定，将“化解社会矛盾”修改为“预防和化解社会矛盾纠纷”。在及时化解矛盾纠纷的同时，体现注重预防社会矛盾纠纷的理念，“防患于未然”、及早及小预防和化解矛盾纠纷。

第三条　【违反治安管理行为与犯罪行为的界分】

修订前	修订后
第二条　扰乱公共秩序，妨害公共安全，侵犯人身权利、财产权利，妨害社会管理，具有社会危害性，依照《中华人民共和国刑法》的规定构成犯罪的，依法追究刑事责任；尚不够刑事处罚的，由公安机关依照本法给予治安管理处罚。	**第三条**　扰乱公共秩序，妨害公共安全，侵犯人身权利、财产权利，妨害社会管理，具有社会危害性，依照《中华人民共和国刑法》的规定构成犯罪的，依法追究刑事责任；尚不够刑事处罚的，由公安机关依照本法给予治安管理处罚。

本条对刑事责任与治安处罚的适用区分作了规定，这次修订对本条未作修改。

本条规定两个方面的内容：一是明确违反治安管理的行为是具有社会危害性的行为，分为四类：1. 扰乱公共秩序；2. 妨害公共安全；3. 侵犯人身权利、财产权利；4. 妨害社会管理。二是明确犯罪行为与违反治安管理行为的界限，根据对社会危害程度的不同，对刑事责任与治安处罚作了区分。危害社会治安秩序的行为依照刑法规定构成犯罪的，依法追究刑事责任；尚不够刑事处罚的，依照本法给予治安管理处罚。

第四条 【治安管理处罚的程序】

修订前	修订后
第三条 治安管理处罚的程序，适用本法的规定；本法没有规定的，适用《中华人民共和国行政处罚法》的有关规定。	**第四条** 治安管理处罚的程序，适用本法的规定；本法没有规定的，适用《中华人民共和国行政处罚法》、**《中华人民共和国行政强制法》**的有关规定。

这次修订对原治安管理处罚法第三条作了修改完善，增加行政强制法作为程序依据。治安管理处罚的程序没有规定时，适用行政处罚法、行政强制法的有关规定。

治安管理处罚在性质上属于行政处罚，行政处罚法、行政强制法与治安管理处罚法在有关程序问题上是一般法与专门法的关系。治安管理处罚符合行政处罚法、行政强制法的有关规定和原则，具体体现在治安案件处罚程序、行政强制措施和行政强制执行等方面。在案件处罚程序特别是调查过程中对违反治安管理行为人有些强制内容如强制传唤等，在治安管理处罚法没有规定时，适用行政强制法的有关规定。此外，治安处罚案件处理有自身情况、特点，在符合行政处罚、行政强制原则的情况下，治安管理处罚法作出了不同规定，这种情况下，应当适用治安管理处罚法的程序规定。

第五条　【适用范围】

修订前	修订后
第四条　在中华人民共和国领域内发生的违反治安管理行为，除法律有特别规定的外，适用本法。 在中华人民共和国船舶和航空器内发生的违反治安管理行为，除法律有特别规定的外，适用本法。	**第五条**　在中华人民共和国领域内发生的违反治安管理行为，除法律有特别规定的外，适用本法。 在中华人民共和国船舶和航空器内发生的违反治安管理行为，除法律有特别规定的外，适用本法。 **在外国船舶和航空器内发生的违反治安管理行为，依照中华人民共和国缔结或者参加的国际条约，中华人民共和国行使管辖权的，适用本法。**

这次修订对原治安管理处罚法第四条作了修改完善，增加第三款规定，依照国际条约，对在外国船舶和航空器内发生的违反治安管理行为，适用我国治安管理处罚法。

增加上述规定，主要是为适应实践需要，并与我国加入《关于在航空器内犯罪和其他某些行为的公约》《制止危害民用航空安全的非法行为的公约》等公约相衔接，满足实践中惩治发生在外国船舶和航空器内发生的违反治安管理行为的需要。行使管辖权的前提是依照我国缔结或者参加的国际条约，我国享有管辖权。

第六条　【治安管理处罚的原则】

修订前	修订后
第五条　治安管理处罚必须以事实为依据，与违反治安管理行为的性质、情节以及社会危害程度相当。	**第六条**　治安管理处罚必须以事实为依据，与违反治安管理**的事实**、性质、情节以及社会危害程度相当。

实施治安管理处罚，应当公开、公正，尊重和保障人权，保护公民的人格尊严。 办理治安案件应当坚持教育与处罚相结合的原则。	实施治安管理处罚，应当公开、公正，尊重和保障人权，保护公民的人格尊严。 办理治安案件应当坚持教育与处罚相结合的原则，**充分释法说理，教育公民、法人或者其他组织自觉守法。**

这次修订对原治安管理处罚法第五条作了修改完善，强调违反治安管理行为的“事实”作为治安管理处罚的考量因素；坚持教育和处罚相结合原则，在第三款中增加释法说理的内容。

主要作了以下修改：一是在规定治安管理处罚以事实为依据的基础上，进一步强调将“事实”作为作出处罚的重要考量因素，要全面、综合考量案件情况，作出处罚与违反治安管理行为的事实、性质、情节以及社会危害程度相当。二是贯彻落实“谁执法谁普法”责任要求，参考行政处罚法，增加办理案件应当“充分释法说理”，执法中要充分告知当事人治安处罚的事实、依据、救济途径等事项，以达到办理案件的同时，以案说法，教育公民、法人或者其他组织自觉守法的目的。

第七条　【主管部门和管辖】

修订前	修订后
第七条　国务院公安部门负责全国的治安管理工作。县级以上地方各级人民政府公安机关负责本行政区域内的治安管理工作。 治安案件的管辖由国务院公安部门规定。	**第七条**　国务院公安部门负责全国的治安管理工作。县级以上地方各级人民政府公安机关负责本行政区域内的治安管理工作。 治安案件的管辖由国务院公安部门规定。

本条对治安管理工作主管部门和治安管辖作了规定。这次修订对本条未作修改。

本条规定明确两个方面内容：一是国务院公安部门和县级以上地方人民政府公安机关负责所辖区域内的治安管理工作，行使相关权力并承担相应责任。二是从实践情况和需要出发，规定治安案件管辖由国务院公安部门规定。关于案件管辖，一般需要在法律中明确加以规定。考虑到治安案件主要涉及公安机关职权，具体在治安管理事项上的分工问题，由于不涉及与其他国家机关之间职权的划分，在法律中不作出明确规定，由国务院公安部门根据实践情况和需要作出具体规定，有利于适应实践需要，并不致于产生部门之间由于权责不清导致的扯皮推诿的现象。

第八条 【民事责任、不得以罚代刑】

修订前	修订后
第八条 违反治安管理的行为对他人造成损害的，行为人或者其监护人应当依法承担民事责任。	**第八条** 违反治安管理行为对他人造成损害的，**除依照本法给予治安管理处罚外**，行为人或者其监护人**还**应当依法承担民事责任。 **违反治安管理行为构成犯罪，应当依法追究刑事责任的，不得以治安管理处罚代替刑事处罚。**

这次修订对原治安管理处罚法第八条作了修改完善，增加不得以违反治安管理处罚代替刑事处罚的规定。

主要作了以下修改：一是在第一款中增加“除依照本法给予治安管理处罚外”的限定语，表述更为准确，也进一步明确了治安违法责任与民事责任的层次关系。二是增加第二款规定，主要是为了处理好治安管理处罚法与刑法的衔接，贯彻处罚法定原则，从制度上保证廉洁、公正执法，防止以刑代罚，为此，参考行政处罚法，增加第二款规定，也与本法第三条规定相呼应。

第九条　【治安案件的调解】

修订前	修订后
第九条　对于因民间纠纷引起的打架斗殴或者损毁他人财物等违反治安管理行为，情节较轻的，公安机关可以调解处理。经公安机关调解，当事人达成协议的，不予处罚。经调解未达成协议或者达成协议后不履行的，公安机关应当依照本法的规定对违反治安管理行为人给予处罚，并告知当事人可以就民事争议依法向人民法院提起民事诉讼。	**第九条**　对于因民间纠纷引起的打架斗殴或者损毁他人财物等违反治安管理行为，情节较轻的，公安机关可以调解处理。 **调解处理治安案件，应当查明事实，并遵循合法、公正、自愿、及时的原则，注重教育和疏导，促进化解矛盾纠纷。** 经公安机关调解，当事人达成协议的，不予处罚。经调解未达成协议或者达成协议后不履行的，公安机关应当依照本法的规定对违反治安管理行为**作出处理**，并告知当事人可以就民事争议依法向人民法院提起民事诉讼。 **对属于第一款规定的调解范围的治安案件，公安机关作出处理决定前，当事人自行和解或者经人民调解委员会调解达成协议并履行，书面申请经公安机关认可的，不予处罚。**

这次修订对原治安管理处罚法第九条作了修改完善，增加第二款调解原则和第四款当事人自行和解或者经人民调解达成协议并履行，书面申请经公安机关认可，不予处罚的规定。

主要作了以下修改：一是增加第二款调解原则。总结实践经验，并借鉴人民调解法、民事诉讼法等关于调解原则的规定，增加治安案件调解，应当遵循合法、公正、自愿、及时的原则的规定。调解处理案件，查明案件事实是基础，同时要遵循双方自愿原则，唯有如此，才能真正及时处理案件，做到化解矛盾纠纷。二是将原来规定的调解不成或者达成协议后不履行的，公安机关依法“给予处罚”修改为“作出处理”。这样表述上更为严谨、准确。即如果调解不成，则依法处理，具体是否给予处罚，要严格按照本法规定进行，而不是只要调解不成就都要处罚，以避免实践中个别案件以调解压人的问题，核心是做到公平、公正、过罚相当。三是为鼓励符合调解范围的治安案件通过和解、人民调解方式及时化解矛盾、促进社会和谐，对公安机关作出决定前，当事人自行和解或者经人民调解达成协议并履行的，公安机关予以认可，不对违反治安管理行为人予以处罚，实现案结事了。实践中应当充分发挥治安案件调解作用，妥善化解社会矛盾纠纷。

第二章　处罚的种类和适用

第十条　【治安管理处罚的种类】

修订前	修订后
第十条　治安管理处罚的种类分为： （一）警告； （二）罚款； （三）行政拘留； （四）吊销公安机关发放的许可证。 对违反治安管理的外国人，可以附加适用限期出境或者驱逐出境。	**第十条**　治安管理处罚的种类分为： （一）警告； （二）罚款； （三）行政拘留； （四）吊销公安机关发放的许可证**件**。 对违反治安管理的外国人，可以附加适用限期出境或者驱逐出境。

这次修订对原治安管理处罚法第十条作了修改完善，将吊销“许可证”修改为吊销“许可证件”。

本条规定了四种治安管理处罚：警告；罚款；拘留和吊销公安机关发放的许可证件。另外，对于外国人，可以附加适用限期出境或者驱逐出境。

第十一条　【涉案财物的处理】

修订前	修订后
第十一条　办理治安案件所查获的毒品、淫秽物品等违禁品，赌具、赌资，吸食、注射毒品的用	**第十一条**　办理治安案件所查获的毒品、淫秽物品等违禁品，赌具、赌资，吸食、注射毒品的用

具以及直接用于实施违反治安管理行为的本人所有的工具，应当收缴，按照规定处理。 违反治安管理所得的财物，追缴退还被侵害人；没有被侵害人的，登记造册，公开拍卖或者按照国家有关规定处理，所得款项上缴国库。	具以及直接用于实施违反治安管理行为的本人所有的工具，应当收缴，按照规定处理。 违反治安管理所得的财物，追缴退还被侵害人；没有被侵害人的，登记造册，公开拍卖或者按照国家有关规定处理，所得款项上缴国库。

本条是关于办理治安案件所查获的违禁品、非法工具、违法所得财物的处置规定。这次修订对本条未作修改。

本条规定了涉案财物的处置，主要有三类：一是毒品、淫秽物品等违禁品，应当收缴，按照规定处理。二是赌具、赌资，吸食、注射毒品的用具以及直接用于实施违反治安管理行为的本人所有的工具，应当收缴，按照规定处理。三是违反治安管理所得的财物，应当退还被侵害人；没有被侵害人的，登记造册，公开拍卖或者按照国家有关规定处理，所得款项上缴国库。公安机关办理行政案件程序规定第十一章涉案财物的管理和处理对此作出详细规定。

第十二条 【未成年人违反治安管理的处罚】

修订前	修订后
第十二条 已满十四周岁不满十八周岁的人违反治安管理的，从轻或者减轻处罚；不满十四周岁的人违反治安管理的，不予处罚，但是应当责令其监护人严加管教。	**第十二条** 已满十四周岁不满十八周岁的人违反治安管理的，从轻或者减轻处罚；不满十四周岁的人违反治安管理的，不予处罚，但是应当责令其监护人严加管教。

本条是关于未成年人违反治安管理的处罚规定，同时也是关于治安处罚责任年龄的规定。这次修订对本条未作修改。

我国历来高度重视未成年人保护工作。我国未成年人保护法第一百一十三条中规定，对违法犯罪的未成年人，实行教育、感化、挽救的方针，坚持教育为主、惩罚为辅的原则。行政处罚法第三十条规定，不满十四周岁的未成年人有违法行为的，不予行政处罚，责令监护人加以管教；已满十四周岁不满十八周岁的未成年人有违法行为的，应当从轻或者减轻行政处罚。对于犯罪的未成年人，我国刑法第十七条中规定，对依法追究刑事责任的不满十八周岁的人，应当从轻或者减轻处罚。

本条规定，一是，已满十四周岁不满十八周岁的人违反治安管理的，从轻或者减轻处罚。这体现了我国一以贯之对未成年人教育为主、惩罚为辅的原则。二是，设定了治安处罚责任年龄。对不满十四周岁的人违反治安管理的，由于不到责任年龄，不予处罚，但是考虑到对未成年人的教育和保护，避免误入歧途，从家庭教育和监护人责任出发，规定应当责令其监护人严加管教。

第十三条 【精神病人、智力残疾人违反治安管理的处罚】

修订前	修订后
第十三条 精神病人在不能辨认或者不能控制自己行为的时候违反治安管理的，不予处罚，但是应当责令其监护人严加看管和治疗。间歇性的精神病人在精神正常的时候违反治安管理的，应当给予处罚。	**第十三条** 精神病人、**智力残疾人**在不能辨认或者不能控制自己行为的时候违反治安管理的，不予处罚，但是应当责令其监护人**加强看护管理**和治疗。间歇性的精神病人在精神正常的时候违反治安管理的，应当给予处罚。**尚未完全丧失辨认或者控制自己行为能力的精神病人、智力残疾人违反治安管理的，应当给予处罚，但是可以从轻或者减轻处罚。**

这次修订对原治安管理处罚法第十三条作了修改完善，对智力残疾人违反治安管理的处罚作出明确规定，并根据实践情况增加了尚未完全丧失辨认或者控制自己行为能力的精神病人、智力残疾人违反治安管理的规定。

主要作了以下修改：一是，增加“智力残疾人”不能辨认或控制自己行为、尚未完全丧失辨认或者控制自己行为能力的情形。这是有关方面提出，长期以来实践中在责任能力认定问题上把痴呆等智力残疾的人员归入精神病人的范围。随着人们认知的深化和相关工作的不断规范和提高，各方面对将二者区别表述已经形成共识。民法典、修改后的行政处罚法等法律中已经作了区分并增加了“智力残疾人”的表述，建议本法也对此作出规定。二是，将“严加看管”修改为“加强看护管理”，语言表述上更为准确，强调监护人对精神病人、智力残疾人的照看、保护和管理责任。三是，增加规定“尚未完全丧失辨认或者控制自己行为能力的精神病人、智力残疾人违反治安管理的，应当给予处罚，但是可以从轻或者减轻处罚”。这是有意见提出，刑法、行政处罚法中均有类似规定，建议本法中也对尚未完全丧失辨认或者控制自己行为能力的精神病人、智力残疾人的处罚原则作出规定，与行政处罚法等作好衔接。

第十四条　【盲人、聋哑人违反治安管理的处罚】

修订前	修订后
第十四条　盲人或者又聋又哑的人违反治安管理的，可以从轻、减轻或者不予处罚。	**第十四条**　盲人或者又聋又哑的人违反治安管理的，可以从轻、减轻或者不予处罚。

本条是关于对盲人或者又聋又哑的人违反治安管理的，如何处罚的规定。这次修订对本条未作修改。

盲人、又聋又哑的人因为生理缺陷等原因，其成长过程中认知能力等或多或少会受到不利影响，从而在了解外部世界、参与社会活动、认识法律规定等方面表现出适应能力等的不足。因为这种不足而实施了违反治安管理行为的，可以适当给予从宽处理。具体来说，公安机关在实践操作中，对这类生理有残疾的人违反治安管理的，可以根据具体情况，予以从轻、减轻处罚或者不予处罚。具体是否从宽，如何从宽，需要结合具体案件情况、行为人认知能力等受残疾情况影响的程度等确定。刑法对这类人员犯罪的处罚也作了类似规定，二者在立法精神上是一致的。

第十五条 【醉酒的人违反治安管理的处罚】

修订前	修订后
第十五条 醉酒的人违反治安管理的，应当给予处罚。 醉酒的人在醉酒状态中，对本人有危险或者对他人的人身、财产或者公共安全有威胁的，应当对其采取保护性措施约束至酒醒。	**第十五条** 醉酒的人违反治安管理的，应当给予处罚。 醉酒的人在醉酒状态中，对本人有危险或者对他人的人身、财产或者公共安全有威胁的，应当对其采取保护性措施约束至酒醒。

本条是关于对醉酒的人给予治安处罚和在何种情形下应当采取保护性措施的规定。这次修订对本条未作修改。

本条共分两款。第一款是关于对醉酒的人违反治安管理的，应当给予处罚的规定。这样规定是考虑到，醉酒的人一般情况下未丧失辨认和控制自己行为的能力，且醉酒本身是一种不良的行为，即便行为人的认识能力、控制能力有所减弱，也是行为人醉酒前可以预见的，应当依法给予处罚。第二款是关于对具有社会危险性的醉酒的人，应当采取保护性措施约束至酒醒的规定。这是为了防止醉酒的人因醉酒后的生理反应等，本人有危险或者有对他人实施侵害行为的危险，如破坏公物、辱骂殴打他人等。因此本款规定，对醉酒状态的人，如果对本人有危险或者对他人的人身、财产或者公共安全有威胁的，应当对其采取保护性措施约束至酒醒。这种措施不是处罚，也不是强制措施，实践中应当注意做好对被约束人的保护。在其危险已解除的情况下，应立即终止约束措施。

第十六条 【数种违法行为的并罚】

修订前	修订后
第十六条 有两种以上违反治安管理行为的，分别决定，合并执行。行政拘留处罚合并执行的，最长不超过二十日。	**第十六条** 有两种以上违反治安管理行为的，分别决定，合并执行**处罚**。行政拘留处罚合并执行的，最长不超过二十日。

这次修订对原治安管理处罚法第十六条作了修改完善，主要是文字性修改。

主要作了一处文字性修改，将“分别决定，合并执行”修改为“分别决定，合并执行处罚”，使文字表述上更为准确和完整。本条明确对于有两种以上违反治安管理行为的，对每一种违法行为都应当依法进行调查、作出决定，在此基础上，在具体决定的执行时将各个处罚合并执行。这样规定主要是考虑到处罚法定、过罚相当原则的要求，只有每一种违反治安管理的行为都做到事实清楚、证据充分、量罚适当，才能保证对实施多个违反治安管理的行为人的处罚依法、公正，有效避免“估推量罚”的弊端。同时，根据本条规定，对于行政拘留处罚合并执行的，最长不得超过二十日。这是考虑到治安违法行为的危害性一般低于犯罪，治安处罚的程度也应当低于刑事处罚，刑罚作为最严厉的惩罚手段，其短期限制人身自由的拘役刑最低也只有三十日，治安拘留合并执行的期限应当明显少于三十日，这样也符合治安处罚与刑罚性质上的差别和严厉程度的不同。

第十七条　【共同违反治安管理和教唆、胁迫、诱骗他人违反治安管理的处罚】

修订前	修订后
第十七条　共同违反治安管理的，根据违反治安管理行为人在违反治安管理行为中所起的作用，分别处罚。 教唆、胁迫、诱骗他人违反治安管理的，按照其教唆、胁迫、诱骗的行为处罚。	**第十七条**　共同违反治安管理的，根据行为人在违反治安管理行为中所起的作用，分别处罚。 教唆、胁迫、诱骗他人违反治安管理的，按照其教唆、胁迫、诱骗的行为处罚。

这次修订对原治安管理处罚法第十七条作了修改完善，主要是文字性修改。

主要作了一处文字性修改，删除了一处“违反治安管理”，将第一款修改为“共同违反治安管理的，根据行为人在违反治安管理行为中所起的作用，分别处罚”，避免文字重复。本条第一款规定了共同违反治安管理的处罚原则，要根据行为人所起的作用，分别处罚。实践中多人共同实施违反治安管理行为的情况比较常见，这就涉及到对共同实施违反治安管理行为的人如何处罚的问题。多个行为人共同违法，具体的情形各有不同，有的形成主使者、执行者，有的形成直接实施者、提供帮助者等关系。不同行为人在违法行为中的地位、造成违法行为后果所起的作用不同，相应的社会危害性和应给予的处罚也就应当不同。如果对所有行为人给予相同的处罚，就难以体现过罚相当的原则。第二款对教唆、胁迫、诱骗他人违反治安管理的行为作了单独规定，这是考虑到实践中相关情况较为常见，明确应当按照其教唆、胁迫、诱骗的行为进行处罚，便于公安机关在处理具体案件时准确定性、量定处罚。因为很多情况下，教唆、胁迫、诱骗他人实施违反治安管理行为的人，自己躲在幕后，不直接实施违法行为。本条明确了其教唆、胁迫、诱骗他人实施了什么行为，对其本人就要按该行为处罚，而且根据本法第二十二条规定还要从重处罚。即使被教唆、胁迫、诱骗的人未实施违反治安管理的行为或者未实施被教唆、胁迫、诱骗的行为，该教唆、胁迫、诱骗行为人也要依法承担相应责任。

第十八条　【单位违反治安管理的处罚】

修订前	修订后
第十八条　单位违反治安管理的，对其直接负责的主管人员和其他直接责任人员依照本法的规定处罚。其他法律、行政法规对同一行为规定给予单位处罚的，依照其规定处罚。	**第十八条**　单位违反治安管理的，对其直接负责的主管人员和其他直接责任人员依照本法的规定处罚。其他法律、行政法规对同一行为规定给予单位处罚的，依照其规定处罚。

本条是关于单位违反治安管理如何处罚的规定。这次修订对本条未作修改。

实践中，违反治安管理的主要是自然人，但很多情况下单位也会成为违反治安管理的主体，如本法第六十七条中规定的，从事旅馆业经营活动违反治安管理的，对其直接负责的主管人员和其他直接责任人员进行处罚。本条规定的“单位”，包括公司、企事业单位、机关、团体、社会组织等。本条主要处理单位违法情况下，如何给予处罚，以及另有其他法律、行政法规对单位违法行为规定了处罚时，如何适用法律的问题。根据本条规定，对于单位违反治安管理的，一是，对其直接负责的主管人员和其他直接责任人员依照本法对自然人的处罚规定去处罚；二是，如果其他的法律、行政法规对同一行为规定给予单位处罚的，依照其规定。即如果本法与其他法律、行政法规都规定对单位的同一违法行为给予处罚的，处罚原则是对其直接负责的主管人员和其他直接责任人员依照本法规定处罚，对单位依照其他法律、行政法规的规定处罚。这样规定主要是单位违反治安管理的很多行为都有相应的前置法律、行政法规作出了处罚规定。一般来说，相应前置法律法规设置的处罚是针对单位本身的，且处罚种类较本法多，罚款的幅度更高，但往往没有拘留的处罚。本法主要是针对自然人违法作的规定，总体上处罚种类较少，罚款数额不高，多数条款设置有拘留处罚。根据本条的规定，单位违法的，本法只处罚责任人，对单位可依照其他法律、行政法规处以罚款、吊销证照、责令停产停业、停业整顿等。对其责任人可依本法给予罚款、拘留的处罚。

第十九条　【为免受不法侵害而采取的制止行为】

修订前	修订后
本条未作规定。	**第十九条　为了免受正在进行的不法侵害而采取的制止行为，造成损害的，不属于违反治安管理行为，不受处罚；制止行为明显超过必要限度，造成较大损害的，依法给予处罚，但是应当减轻处罚；情节较轻的，不予处罚。**

这次修订增加了本条规定，明确了为免受正在进行的不法侵害而采取的制止行为是否属于违反治安管理的行为，是否应当处罚，什么情

况下可以予以处罚以及处罚原则。

增加本条规定，主要是实践中存在公民有自身或者他人人身、财产方面面临不法侵害时，为保护自己或者维护他人合法权益而反抗、制止的情况。反抗不法行为，制止不法侵害，保护合法权益是公民的权利，应当依法予以支持和保护。在反抗、制止过程中，有时难免会造成不法侵害人人身、财产上的损害，这就涉及到如何认识这种损害的性质，如何依法处理的问题。不少意见提出，实践中存在双方只要动手了，就简单认定为互殴，法律责任上各打“五十大板”的情况。为了保护公民合法权益，维护社会公平正义，参考刑法关于正当防卫的规定、民法典关于见义勇为的规定，有必要在治安领域中明确公民对不法侵害行为有权采取制止措施，制止措施不属于违反治安管理行为，不受处罚。同时，考虑到部分制止行为明显超过必要限度，已经造成较大损害的，规定依法给予处罚，但是毕竟事出有因，依法应当减轻处罚；如果虽然超过必要限度，但后果尚不严重、情节较轻的，也可以不予处罚。

第二十条　【从轻、减轻或者不予处罚的情形】

修订前	修订后
第十九条　违反治安管理有下列情形之一的，减轻处罚或者不予处罚： （一）情节特别轻微的； （二）主动消除或者减轻违法后果，并取得被侵害人谅解的； （三）出于他人胁迫或者诱骗的； （四）主动投案，向公安机关如实陈述自己的违法行为的； （五）有立功表现的。	**第二十条**　违反治安管理有下列情形之一的，**从轻**、减轻或者不予处罚： （一）情节轻微的； （二）主动消除或者减轻违法后果**的**； （三）取得被侵害人谅解的； （四）出于他人胁迫或者诱骗的； （五）主动投案，向公安机关如实陈述自己的违法行为的； **（六）**有立功表现的。

这次修订对原治安管理处罚法第十九条作了修改完善，参考行政处罚法相关规定，增加了从轻处罚的档次并相应调整了部分情形的表述，将取得被侵害人谅解作为一项单独的从宽情形。

主要作了以下修改：一是，贯彻宽严相济原则，与行政处罚法相衔接，增加从轻处罚的档次，规定有本条相关情形的，从轻、减轻或者不予处罚。二是，将“情节特别轻微的”修改为“情节轻微的”，与行政处罚法规定的违法行为轻微不予处罚的规定相衔接，明确在治安领域，情节轻微的可以适用本条规定。同时，考虑到原来规定中与情节特别轻微相对应的是“减轻处罚或者不予处罚”，这次修订增加了“从轻”处罚，遂将情节由“特别轻微”相应改为“轻微”，以体现过罚相当原则。三是，将取得被侵害人谅解单独作为从轻、减轻或不予处罚的情形。这是考虑到有的违法行为未必造成有形的后果，有的违法后果可能无法消除或减轻，但只要行为人真诚悔过，取得被侵害人谅解，也可以考虑予以从宽处理。另外，也有意见提出，实践中，存在部分被侵害人索取远远高于正常标准的“天价”赔偿金，不满足要求就不签署谅解书的情形，有的案件中违法行为人真诚悔过并愿意支付充足的赔偿金、消除或减轻违法后果的情况下，因无法取得谅解书而不得从轻、减轻处罚，不利于充分体现本条立法初衷和过罚相当的原则。行政处罚法第二十七条第一款第一项也规定了主动消除或者减轻违法行为危害后果的，应当依法从轻或者减轻行政处罚。为此，本条对原规定作出上述调整。

第二十一条　【认错认罚从宽处理】

修订前	修订后
本条未作规定。	**第二十一条　违反治安管理行为人自愿向公安机关如实陈述自己的违法行为，承认违法事实，愿意接受处罚的，可以依法从宽处理。**

这次修订增加了本条规定，明确了自愿陈述、承认违法事实并愿意接受处罚的，可以依法从宽处理。

增加本条规定，主要是为了贯彻教育与惩罚相结合原则，增加相应便于根据个案情况对认错认罚的违法行为人依法予以从宽处理的条款。本条的规定，参考了刑事诉讼法关于认罪认罚从宽制度的规定，增加了治安领域的自愿如实陈述、承认违法事实、愿意接受处罚，可以依法从宽的规定。本条有三层含义：一是，违法行为人应当自愿如实陈述自己的违法行为，强调主动性和陈述符合事实，不能是被迫承认或者作虚假陈述；二是，违法行为人承认违法事实，并愿意接受处罚，也就是说对违法事实和拟给予的治安处罚均自愿承认和接受；三是，符合上述情形的，可以依法从宽处理。这里规定的是“可以”，也就是一般予以从宽，同时，根据个案具体情况，从宽有违公平公正和过罚相当原则的，也可以不从宽，具体由公安机关在执法过程中依据案件整体情况和裁量情节依法办理。另外，从宽处理是一个指向性概念，具体可以根据案件情况作出从轻、减轻或者不予处罚的不同处理，核心是要做到过罚相当。

第二十二条　【从重处罚的情形】

修订前	修订后
第二十条　违反治安管理有下列情形之一的，从重处罚： （一）有较严重后果的； （二）教唆、胁迫、诱骗他人违反治安管理的； （三）对报案人、控告人、举报人、证人打击报复的； （四）六个月内曾受过治安管理处罚的。	**第二十二条**　违反治安管理有下列情形之一的，从重处罚： （一）有较严重后果的； （二）教唆、胁迫、诱骗他人违反治安管理的； （三）对报案人、控告人、举报人、证人打击报复的； （四）**一年以**内曾受过治安管理处罚的。

这次修订对原治安管理处罚法第二十条作了修改完善，将受过治安管理处罚再次违法应当从重处罚的期限由六个月内延长到了一年以内。

主要作了一处修改，将“六个月内曾受过治安管理处罚的”修改为“一年以内曾受过治安管理处罚的”，对于受到过治安管理处罚，在一年以内又违反治安管理的，属于屡教不改，表明行为人主观上有较深的违法习性，应当从重处罚。这是有的意见提出，有些违法行为人具有违法恶习，屡罚屡犯，应当从重处罚，原来规定的六个月间隔期限偏短，建议适当延长。这样修改延长了再次违法的间隔期限，体现了对此类再犯违法行为人从严惩处的精神。

第二十三条 【不执行行政拘留处罚的情形与例外】

修订前	修订后
第二十一条 违反治安管理行为人有下列情形之一，依照本法应当给予行政拘留处罚的，不执行行政拘留处罚： （一）已满十四周岁不满十六周岁的； （二）已满十六周岁不满十八周岁，初次违反治安管理的； （三）七十周岁以上的； （四）怀孕或者哺乳自己不满一周岁婴儿的。	**第二十三条** 违反治安管理行为人有下列情形之一，依照本法应当给予行政拘留处罚的，不执行行政拘留处罚： （一）已满十四周岁不满十六周岁的； （二）已满十六周岁不满十八周岁，初次违反治安管理的； （三）七十周岁以上的； （四）怀孕或者哺乳自己不满一周岁婴儿的。 **前款第一项、第二项、第三项规定的行为人违反治安管理情节严重、影响恶劣的，或者第一项、第三项规定的行为人在一年以内二次以上违反治安管理的，不受前款规定的限制。**

这次修订对原治安管理处罚法第二十一条作了修改完善，增加了一款规定，对不受第一款“不执行行政拘留处罚”限制的情形作出明确规定。即在特定情形下，可以执行拘留处罚。

具体作了以下修改：一是增加对“前款第一项、第二项、第三项规定的行为人违反治安管理情节严重、影响恶劣的”不受不执行行政拘留处罚限制的规定。二是增加对第一款“第一项、第三项规定的行为人在一年以内二次以上违反治安管理的”，不受不执行行政拘留处罚的限制的规定。这样规定总结了实践经验，既体现对特定群体的关怀，又防止一味从宽，过罚失当。根据修改后的规定，即对于已满十四周岁不满十六周岁的未成年人和七十周岁以上的老年人，考虑到其特殊情况，原则上给予一次改过的机会，但要防止有的违法行为人因法律上从宽对待的规定而有恃无恐，屡教不改，为此，明确对于二次以上违反治安管理的，可以不受第一款规定的限制。

第二十四条　【未成年人矫治教育等措施】

修订前	修订后
本条未作规定。	**第二十四条　对依照本法第十二条规定不予处罚或者依照本法第二十三条规定不执行行政拘留处罚的未成年人，公安机关依照《中华人民共和国预防未成年人犯罪法》的规定采取相应矫治教育等措施。**

这次修订增加了本条规定，明确了对依照本法第十二条规定不予处罚或者依照本法第二十二条规定不执行行政拘留处罚的未成年人，依法采取矫治教育等措施。

增加本条规定，主要体现对违反治安管理的未成年人坚持教育与惩罚相结合的原则。即对于违反治安管理不予处罚及不执行行政拘留处罚的未成年人，虽然不作治安处罚或不执行拘留处罚，但不是允许其游离于法律之外，而是要依法采取矫治教育等措施。从保护未成年人身心健康成长的角度，对未成年人违反治安管理的行为给予从宽处理，但并非“无法无天”“一放了之”。对未成年人要进行教育引导，防止再次发生违法犯罪行为，依据预防未成年人犯罪法的规定，根据未成年人的行为危害性、主观恶性等采取相应的矫治教育措施。

第二十五条 【追究时效】

修订前	修订后
第二十二条 违反治安管理行为在六个月内没有被公安机关发现的，不再处罚。 前款规定的期限，从违反治安管理行为发生之日起计算；违反治安管理行为有连续或者继续状态的，从行为终了之日起计算。	**第二十五条** 违反治安管理行为在六个月以内没有被公安机关发现的，不再处罚。 前款规定的期限，从违反治安管理行为发生之日起计算；违反治安管理行为有连续或者继续状态的，从行为终了之日起计算。

这次修订对原治安管理处罚法第二十二条作了修改完善，主要是作了文字性修改。

本条主要规定违反治安管理行为在六个月以内没有被公安机关发现的，不再处罚。根据我国刑法和行政处罚法，刑事案件和行政案件都规定了较长的追诉或追究时效，与刑事案件和一般的行政案件相比，治安案件有自身的特点，设定六个月的追究期限，一方面有利于督促公安机关及时履行法定职责，另一方面六个月后不再追究行为人的法律责任，也体现教育与处罚相结合的原则。本条也对追究期限的计算方式作出规定。对于通常情况，规定从违反治安管理行为发生之日起计算；对于特殊的连续或者继续行为，从行为终了之日起计算，这一计算追究期限的方式也与目前其他法律计算追究时效的方式基本是一致的。

第三章　违反治安管理的行为和处罚

第一节　扰乱公共秩序的行为和处罚

第二十六条　【扰乱单位、公共场所、公共交通工具、选举等秩序】

修订前	修订后
第二十三条　有下列行为之一的，处警告或者二百元以下罚款；情节较重的，处五日以上十日以下拘留，可以并处五百元以下罚款： （一）扰乱机关、团体、企业、事业单位秩序，致使工作、生产、营业、医疗、教学、科研不能正常进行，尚未造成严重损失的； （二）扰乱车站、港口、码头、机场、商场、公园、展览馆或者其他公共场所秩序的； （三）扰乱公共汽车、电车、火车、船舶、航空器或者其他公共交通工具上的秩序的； （四）非法拦截或者强登、扒乘机动车、船舶、航空器以及其他交通工具，影响交通工具正常行驶的；	第二十六条　有下列行为之一的，处警告或者五百元以下罚款；情节较重的，处五日以上十日以下拘留，可以并处一千元以下罚款： （一）扰乱机关、团体、企业、事业单位秩序，致使工作、生产、营业、医疗、教学、科研不能正常进行，尚未造成严重损失的； （二）扰乱车站、港口、码头、机场、商场、公园、展览馆或者其他公共场所秩序的； （三）扰乱公共汽车、电车、**城市轨道交通车辆**、火车、船舶、航空器或者其他公共交通工具上的秩序的； （四）非法拦截或者强登、扒乘机动车、船舶、航空器以及其他交通工具，影响交通工具正常行

（五）破坏依法进行的选举秩序的。 聚众实施前款行为的，对首要分子处十日以上十五日以下拘留，可以并处一千元以下罚款。	驶的； （五）破坏依法进行的选举秩序的。 聚众实施前款行为的，对首要分子处十日以上十五日以下拘留，可以并处二千元以下罚款。

这次修订对原治安管理处罚法第二十三条作了修改完善，根据经济社会发展情况适当提高罚款数额，并根据新的情况和实践需要完善了交通工具类型。

主要作了以下修改：一是，完善处罚规定，根据实践情况提高罚款数额。将第一档中“二百元以下罚款”修改为“五百元以下罚款”；对于情节较重的，将“五百元以下罚款”修改为“一千元以下罚款”；对第二款聚众实施前款行为的，对首要分子的处罚，从“一千元以下罚款”修改为“二千元以下罚款”。二是，随着公共交通的发展，人民群众出行方式也在发生变化，结合实践需要，对第一款第三项作了完善，在公共交通工具中增加“城市轨道交通车辆”。

第二十七条　【扰乱国家考试秩序】

修订前	修订后
本条未作规定。	**第二十七条**　在法律、行政法规规定的国家考试中，有下列行为之一，扰乱考试秩序的，处违法所得一倍以上五倍以下罚款，没有违法所得或者违法所得不足一千元的，处一千元以上三千元以下罚款；情节较重的，处五日以上十五日以下拘留： （一）组织作弊的； （二）为他人组织作弊提供作弊器材或者其他帮助的；

	（三）为实施考试作弊行为，向他人非法出售、提供考试试题、答案的； **（四）代替他人或者让他人代替自己参加考试的。**

这次修订增加了本条规定，明确了组织作弊等扰乱法律、行政法规规定的国家考试秩序的处罚。

增加本条规定，对于尚不构成刑法第二百八十四条之一组织考试作弊罪、非法出售、提供试题、答案罪、代替考试罪，同时扰乱考试秩序的行为给予治安管理处罚。在考试的范围上，相比刑法的规定，本条将"法律规定的国家考试"拓宽至行政法规规定的国家考试，与刑法作了衔接和区分，进一步满足实践需要。处罚上分为两档，只有情节较重的才给予拘留处罚，体现教育与处罚相结合原则；其他情形则根据是否有违法所得给予不同数额罚款。

第二十八条　【扰乱大型群众性活动秩序】

修订前	修订后
第二十四条　有下列行为之一，扰乱文化、体育等大型群众性活动秩序的，处警告或者二百元以下罚款；情节严重的，处五日以上十日以下拘留，可以并处五百元以下罚款： （一）强行进入场内的； （二）违反规定，在场内燃放烟花爆竹或者其他物品的； （三）展示侮辱性标语、条幅等物品的； （四）围攻裁判员、运动员或者其他工作人员的；	**第二十八条**　有下列行为之一，扰乱**体育**、**文化**等大型群众性活动秩序的，处警告或者**五**百元以下罚款；情节严重的，处五日以上十日以下拘留，可以并处**一千**元以下罚款： （一）强行进入场内的； （二）违反规定，在场内燃放烟花爆竹或者其他物品的； （三）展示侮辱性标语、条幅等物品的； （四）围攻裁判员、运动员或者其他工作人员的；

（五）向场内投掷杂物，不听制止的； （六）扰乱大型群众性活动秩序的其他行为。 因扰乱体育比赛秩序被处以拘留处罚的，可以同时责令其十二个月内不得进入体育场馆观看同类比赛；违反规定进入体育场馆的，强行带离现场。	（五）向场内投掷杂物，不听制止的； （六）扰乱大型群众性活动秩序的其他行为。 因扰乱体育比赛、**文艺演出活动**秩序被处以拘留处罚的，可以同时责令其六个月**至一年以**内不得进入体育场馆、**演出场馆**观看同类比赛、**演出**；违反规定进入体育场馆、**演出场馆**的，强行带离现场，**可以处五日以下拘留或者一千元以下罚款**。

这次修订对原治安管理处罚法第二十四条作了修改完善，适当提高罚款数额，并根据实践需要增加文艺演出活动相关规定。

主要作了以下修改：一是，完善处罚规定，根据实践情况提高罚款数额。将第一档中“二百元以下罚款”修改为“五百元以下罚款”；对于情节较重的，将“五百元以下罚款”修改为“一千元以下罚款”。二是，将第一款中“文化、体育”修改为“体育、文化”；第二款在原规定的“体育比赛”之外，增加“文艺演出活动”，相应地在限制措施里增加“演出场馆”“演出”等表述。三是，对于违反规定进入场馆的，除原规定的强行带离现场外，增加“可以处五日以下拘留或者一千元以下罚款”的规定。

第二十九条　【以虚构事实、投放虚假危险物质，扬言危害公共安全方式扰乱公共秩序】

修订前	修订后
第二十五条　有下列行为之一的，处五日以上十日以下拘留，可以并处五百元以下罚款；情节较轻的，处五日以下拘留或者五百	**第二十九条**　有下列行为之一的，处五日以上十日以下拘留，可以并处**一千**元以下罚款；情节较轻的，处五日以下拘留或者**一千**

元以下罚款： （一）散布谣言，谎报险情、疫情、警情或者以其他方法故意扰乱公共秩序的； （二）投放虚假的爆炸性、毒害性、放射性、腐蚀性物质或者传染病病原体等危险物质扰乱公共秩序的； （三）扬言实施放火、爆炸、投放危险物质扰乱公共秩序的。	元以下罚款： （一）**故意**散布谣言，谎报险情、疫情、**灾情**、警情或者以其他方法故意扰乱公共秩序的； （二）投放虚假的爆炸性、毒害性、放射性、腐蚀性物质或者传染病病原体等危险物质扰乱公共秩序的； （三）扬言实施放火、爆炸、投放危险物质**等危害公共安全犯罪行为**扰乱公共秩序的。

这次修订对原治安管理处罚法第二十五条作了修改完善，适当提高罚款数额，并根据实践情况对有关行为方式的规定作了完善。

主要作了以下修改：一是，完善处罚规定，根据实践情况提高罚款数额，将第一档中“五百元以下罚款”修改为“一千元以下罚款”；对于情节较轻的，由择处“五百元以下罚款”修改为“一千元以下罚款”。二是，为更明确地区分违法行为界限，将“散布谣言”修改为“故意散布谣言”，行为对象增加“灾情”。三是，在第三项列举的“扬言实施放火、爆炸、投放危险物质”行为方式外，增加了“等危害公共安全犯罪行为”作为兜底规定。

第三十条　【寻衅滋事】

修订前	修订后
第二十六条　有下列行为之一的，处五日以上十日以下拘留，可以并处五百元以下罚款；情节较重的，处十日以上十五日以下拘留，可以并处一千元以下罚款： （一）结伙斗殴的； （二）追逐、拦截他人的；	**第三十条**　有下列行为之一的，处五日以上十日以下拘留**或者一千**元以下罚款；情节较重的，处十日以上十五日以下拘留，可以并处二千元以下罚款： （一）结伙斗殴**或者随意殴打他人**的；

（三）强拿硬要或者任意损毁、占用公私财物的； （四）其他寻衅滋事行为。	（二）追逐、拦截他人的； （三）强拿硬要或者任意损毁、占用公私财物的； （四）其他**无故侵扰他人、扰乱社会秩序的**寻衅滋事行为。

这次修订对原治安管理处罚法第二十六条作了修改完善，适当提高罚款数额，并根据实践情况对有关行为方式的规定作了完善。

主要作了以下修改：一是，完善处罚规定，根据实践情况提高罚款数额，增加了择处罚款的处罚方式，将第一档中“可以并处五百元以下罚款”修改为“或者一千元以下罚款”；对于情节较重的，将可以并处“一千元以下罚款”修改为“两千元以下罚款”。二是，将第一项“结伙斗殴”修改为“结伙斗殴或者随意殴打他人”。三是，第四项兜底项作了进一步明确和限定，修改为“其他无故侵扰他人、扰乱社会秩序的寻衅滋事行为”。

第三十一条 【邪教、会道门及相关非法活动】

修订前	修订后
第二十七条 有下列行为之一的，处十日以上十五日以下拘留，可以并处一千元以下罚款；情节较轻的，处五日以上十日以下拘留，可以并处五百元以下罚款： （一）组织、教唆、胁迫、诱骗、煽动他人从事邪教、会道门活动或者利用邪教、会道门、迷信活动，扰乱社会秩序、损害他人身体健康的； （二）冒用宗教、气功名义进行扰乱社会秩序、损害他人身体健康活动的。	**第三十一条** 有下列行为之一的，处十日以上十五日以下拘留，可以并处**二**千元以下罚款；情节较轻的，处五日以上十日以下拘留，可以并处**一千**元以下罚款： （一）组织、教唆、胁迫、诱骗、煽动他人从事邪教**活动**、会道门活动、**非法的宗教活动**或者利用邪教**组织**、会道门、迷信活动，扰乱社会秩序、损害他人身体健康的； （二）冒用宗教、气功名义进行扰乱社会秩序、损害他人身体健

	康活动的； **（三）制作、传播宣扬邪教、会道门内容的物品、信息、资料的。**

这次修订对原治安管理处罚法第二十七条作了修改完善，适当提高罚款数额，并根据实践情况对有关行为方式的规定作了完善。

主要作了以下修改：一是，完善处罚规定，根据实践情况提高罚款数额，将第一档中“一千元以下罚款”修改为“二千元以下罚款”；对于情节较轻的，将“五百元以下罚款”修改为“一千元以下罚款”。二是，在第一项中增加“非法的宗教活动”。三是，结合实践需要，增加第三项“制作、传播宣扬邪教、会道门内容的物品、信息、资料的”。

第三十二条　【扰乱无线电管理秩序】

修订前	修订后
第二十八条　违反国家规定，故意干扰无线电业务正常进行的，或者对正常运行的无线电台（站）产生有害干扰，经有关主管部门指出后，拒不采取有效措施消除的，处五日以上十日以下拘留；情节严重的，处十日以上十五日以下拘留。	**第三十二条**　违反国家规定，**有下列行为之一的，**处五日以上十日以下拘留；情节严重的，处十日以上十五日以下拘留： **（一）**故意干扰无线电业务正常进行的； **（二）**对正常运行的无线电台（站）产生有害干扰，经有关主管部门指出后，拒不采取有效措施消除的； **（三）未经批准设置无线电广播电台、通信基站等无线电台（站）的，或者非法使用、占用无线电频率，从事违法活动的。**

这次修订对原治安管理处罚法第二十八条作了修改完善，适当提高罚款数额，并根据实践情况对有关行为方式的规定作了整合和完善。

主要作了以下修改：一是，将违法行为以列举方式作出规定，在条文帽段里规定“违反国家规定，有下列行为之一的”表述，以进一步作出列举。二是，将原条文内容拆分为两项，同时增加第三项，即“未经批准设置无线电广播电台、通信基站等无线电台（站）的，或者非法使用、占用无线电频率，从事违法活动的”。

第三十三条　【危害计算机信息系统安全】

修订前	修订后
第二十九条　有下列行为之一的，处五日以下拘留；情节较重的，处五日以上十日以下拘留： （一）违反国家规定，侵入计算机信息系统，造成危害的； （二）违反国家规定，对计算机信息系统功能进行删除、修改、增加、干扰，造成计算机信息系统不能正常运行的； （三）违反国家规定，对计算机信息系统中存储、处理、传输的数据和应用程序进行删除、修改、增加的； （四）故意制作、传播计算机病毒等破坏性程序，影响计算机信息系统正常运行的。	**第三十三条**　有下列行为之一，**造成危害**的，处五日以下拘留；情节较重的，处五日以上十五日以下拘留： （一）违反国家规定，侵入计算机信息系统**或者采用其他技术手段，获取计算机信息系统中存储、处理或者传输的数据，或者对计算机信息系统实施非法控制**的； （二）违反国家规定，对计算机信息系统功能进行删除、修改、增加、干扰的； （三）违反国家规定，对计算机信息系统中存储、处理、传输的数据和应用程序进行删除、修改、增加的； （四）故意制作、传播计算机病毒等破坏性程序的； **（五）提供专门用于侵入、非法控制计算机信息系统的程序、工具，或者明知他人实施侵入、非法控制计算机信息系统的违法犯罪行为而为其提供程序、工具的。**

这次修订对原治安管理处罚法第二十九条作了修改完善，增加危害计算机信息系统安全的相关行为类型，修改处罚门槛规定。

主要作了以下修改：一是，在本条第一项中增加规定，采用技术手段获取计算机信息系统中存储、处理或者传输的数据，或者对计算机信息系统实施非法控制的处罚。二是，增加一项作为第五项，规定提供专门用于侵入、非法控制计算机信息系统的程序、工具，或者明知他人实施侵入、非法控制计算机信息系统的违法犯罪行为而为其提供程序、工具的处罚。三是，对给予治安管理处罚的门槛和表述作了调整，将第一项中"造成危害的"、第二项中"造成计算机信息系统不能正常运行的"、第四项中"影响计算机信息系统正常运行的"统一在本条帽子部分规定"造成危害的"。主要考虑是，随着计算机技术进步和互联网产业飞速发展，第二项、第四项规定的造成计算机信息系统不能正常运行及影响系统正常运行的，后果已经非常严重，已进入刑法调整范畴，按照过罚相当的原则，修改第二项、第四项要求。同时，第三项中没有规定处罚门槛，根据有关方面意见，在第三项中也应增加"造成危害的"，与其他项，以及与刑法相关表述进一步衔接。另外，为了避免各项均规定"造成危害的"冗余表述，因此将"造成危害的"统一调整到本条帽子中作出规定。四是，提高了危害计算机信息系统安全行为的处罚幅度，由原来最高处十日拘留修改为十五日拘留，与网络安全法相应处罚规定保持一致。

第三十四条　【组织、领导传销活动，胁迫、诱骗他人参加传销活动】

修订前	修订后
本条未作规定。	第三十四条　组织、领导传销活动的，处十日以上十五日以下拘留；情节较轻的，处五日以上十日以下拘留。 胁迫、诱骗他人参加传销活动的，处五日以上十日以下拘留；

	情节较重的，处十日以上十五日以下拘留。

这次修订增加了本条规定，对组织、领导传销活动，以及胁迫、诱骗他人参加传销活动规定治安管理处罚。

本条规定包括两款，涉及相关传销违法行为的治安管理处罚：一是对组织、领导传销活动的处罚；二是对胁迫、诱骗他人参加传销活动的处罚，没有规定对一般参加传销活动人员的治安处罚。增加规定本条的主要考虑是，近年来传销活动蔓延，参与人数众多，危害社会稳定。2009年至2012年全国因组织、领导传销活动按教唆他人违法犯罪决定劳动教养人数众多，劳动教养制度废止以后，现有惩戒措施难以满足需要，仅靠市场监管部门给予处罚力度不够、震慑力不足，同时考虑到实践中胁迫、教唆他人参加传销危害也较大，因此对上述行为，在市场监管部门依照《禁止传销条例》等规定给予行政处罚的基础上，又增加规定公安机关依照本法规定给予行政拘留处罚，进一步加大处罚力度和执法力度。实践中应当根据相关传销违法活动的具体情况和情节，决定给予行政处罚的种类，做好市场监管部门执法与公安机关执法的衔接。

第三十五条　【扰乱国家重要活动，亵渎英雄烈士，宣扬美化侵略战争或行为】

修订前	修订后
本条未作规定。	第三十五条　有下列行为之一的，处五日以上十日以下拘留或者一千元以上三千元以下罚款；情节较重的，处十日以上十五日以下拘留，可以并处五千元以下罚款： （一）在国家举行庆祝、纪念、缅怀、公祭等重要活动的场所及周边管控区域，故意从事与活

	动主题和氛围相违背的行为，不听劝阻，造成不良社会影响的； （二）在英雄烈士纪念设施保护范围内从事有损纪念英雄烈士环境和氛围的活动，不听劝阻的，或者侵占、破坏、污损英雄烈士纪念设施的； （三）以侮辱、诽谤或者其他方式侵害英雄烈士的姓名、肖像、名誉、荣誉，损害社会公共利益的； （四）亵渎、否定英雄烈士事迹和精神，或者制作、传播、散布宣扬、美化侵略战争、侵略行为的言论或者图片、音视频等物品，扰乱公共秩序的； （五）在公共场所或者强制他人在公共场所穿着、佩戴宣扬、美化侵略战争、侵略行为的服饰、标志，不听劝阻，造成不良社会影响的。

这次修订增加了本条规定，明确了破坏国家举行庆祝、纪念、缅怀、公祭等重要活动，破坏纪念英雄烈士环境和氛围，侵害英雄烈士的姓名、肖像、名誉、荣誉，宣扬、美化侵略战争、侵略行为的处罚。

本条明确了三类行为的处罚：第一类是在特定场合和区域，故意从事与活动主题和氛围相违背的行为；第二类是有损英雄烈士人格、破坏英雄烈士纪念设施等行为；第三类是宣扬、美化侵略战争的行为。同时，对这几类行为的处罚条件作出明确的界定，要符合“不听劝阻”或者“扰乱公共秩序”“造成不良社会影响”的条件。处罚上分为两档，第一档可以处拘留或择处罚款，对于情节较重的处拘留并处罚款。

第二节　妨害公共安全的行为和处罚

第三十六条　【非法从事与危险物质相关活动】

修订前	修订后
第三十条　违反国家规定，制造、买卖、储存、运输、邮寄、携带、使用、提供、处置爆炸性、毒害性、放射性、腐蚀性物质或者传染病病原体等危险物质的，处十日以上十五日以下拘留；情节较轻的，处五日以上十日以下拘留。	**第三十六条**　违反国家规定，制造、买卖、储存、运输、邮寄、携带、使用、提供、处置爆炸性、毒害性、放射性、腐蚀性物质或者传染病病原体等危险物质的，处十日以上十五日以下拘留；情节较轻的，处五日以上十日以下拘留。

本条是关于违反危险物质管理行为的治安处罚规定，这次修订对本条未作修改。

危险物质管理事关公共安全，1957年制定治安管理处罚条例就曾作出规定，后经修改完善，一直延用规定在本法中，作为妨害公共安全的行为和处罚一节中的第一条。有关法律法规、行业管理对相关危险物质的生产、销售、购买、使用、运输、储存等都建立了相关严格规范的制度，违反危险物质管理的国家规定，妨害公共安全的，根据本条规定，处十日以上十五日以下拘留，情节较轻的，处五日以上十日以下拘留。

第三十七条　【危险物质被盗抢、丢失不报告】

修订前	修订后
第三十一条　爆炸性、毒害性、放射性、腐蚀性物质或者传染	**第三十七条**　爆炸性、毒害性、放射性、腐蚀性物质或者传染

病病原体等危险物质被盗、被抢或者丢失，未按规定报告的，处五日以下拘留；故意隐瞒不报的，处五日以上十日以下拘留。	病病原体等危险物质被盗、被抢或者丢失，未按规定报告的，处五日以下拘留；故意隐瞒不报的，处五日以上十日以下拘留。

本条是关于危险物质被盗、被抢、丢失不按规定报告或者故意隐瞒不报的处罚，这次修订对本条未作修改。

我国对危险物质管理的生产、销售、储存、使用等环节都规定了严格规范的管理制度。依法获取、持有、存储、使用危险物质的单位和个人应当注意加强对危险物质的管理，防范危险物质被盗、被抢或者丢失，流入社会，从而危及公共安全。因此，我国在对危险物质加强管理的同时，还要求爆炸性、毒害性、放射性、腐蚀性物质和传染病病原体等危险物质被盗、被抢或者丢失的单位或者个人，必须及时向有关部门报告，以便及时采取相应的措施追查，如果不及时报告，则危险物质危及人民群众生命健康和公共安全的可能性就会越大。因此，为了防患于未然，将危险物质的危害可能性降至最低，本法对该行为作出了具体的规定，危险物质发生被盗、被抢、丢失的情况而不报告，甚至故意隐瞒的，依法给予拘留处罚。

第三十八条　【非法携带枪支、弹药或者管制器具】

修订前	修订后
第三十二条　非法携带枪支、弹药或者弩、匕首等国家规定的管制器具的，处五日以下拘留，可以并处五百元以下罚款；情节较轻的，处警告或者二百元以下罚款。 非法携带枪支、弹药或者弩、匕首等国家规定的管制器具进入公共场所或者公共交通工具的，处	**第三十八条**　非法携带枪支、弹药或者弩、匕首等国家规定的管制器具的，处五日以下拘留，可以并处**一千**元以下罚款；情节较轻的，处警告或者**五**百元以下罚款。 非法携带枪支、弹药或者弩、匕首等国家规定的管制器具进入公共场所或者公共交通工具的，处

五日以上十日以下拘留，可以并处五百元以下罚款。	五日以上十日以下拘留，可以并处一千元以下罚款。

这次修订对原治安管理处罚法第三十二条作了修改完善，适当提高罚款数额。

主要作了以下修改：一是将罚款“五百元”修改为“一千元”；二是将罚款“二百元”修改为“五百元”。本次修订对罚款数额，根据国家经济社会的发展情况和实际需要，适当予以提高，上述修改属于“水涨船高”型的提高，并未明显加重罚款力度，有利于发挥治安管理处罚的惩戒、教育作用，体现法律处罚的严肃性。本条规定包括两方面内容：一是，非法携带枪支、弹药或者弩、匕首等国家规定的管制器具，枪支、弹药或者管制器具对公共安全具有风险，国家实行严格管控，外出携带构成违反治安管理。二是，非法携带枪支、弹药或者弩、匕首等国家规定的管制器具进入公共场所或者公共交通工具，是在第一款规定行为的基础上处以更重处罚。这是考虑到携带这些物品进入公共场所、公共交通工具具有更为严重、直接的危险性，危及公共安全。

第三十九条 【盗窃、损毁重要公共设施，妨碍国（边）境标志、界线走向管理】

修订前	修订后
第三十三条 有下列行为之一的，处十日以上十五日以下拘留： （一）盗窃、损毁油气管道设施、电力电信设施、广播电视设施、水利防汛工程设施或者水文监测、测量、气象测报、环境监测、地质监测、地震监测等公共设施的； （二）移动、损毁国家边境的界碑、界桩以及其他边境标志、边	**第三十九条** 有下列行为之一的，处十日以上十五日以下拘留；**情节较轻的，处五日以下拘留**： （一）盗窃、损毁油气管道设施、电力电信设施、广播电视设施、水利工程设施、**公共供水设施、公路及附属设施**或者水文监测、测量、气象测报、**生态**环境监测、地质监测、地震监测等公共设施，**危及公共安全**的；

境设施或者领土、领海标志设施的； （三）非法进行影响国（边）界线走向的活动或者修建有碍国（边）境管理的设施的。	（二）移动、损毁国家边境的界碑、界桩以及其他边境标志、边境设施或者领土、领海**基点**标志设施的； （三）非法进行影响国（边）界线走向的活动或者修建有碍国（边）境管理的设施的。

这次修订对原治安管理处罚法第三十三条作了修改完善，增加了处罚档次，第一项中增列了有关公共设施，完善有关表述。

主要作了以下修改：一是增加“情节较轻”这一处罚档次。对于情节较轻的违反本条规定的，处五日以下拘留。增加、完善这一处罚梯度，有利于在执法过程中，作出与行为的事实、性质、情节以及社会危害程度相当的处罚，做到过罚相当，避免实践中产生违反本条规定，情节轻微，即处十日以上拘留的情形。二是在第二项中增加列明“公共供水设施”“公路及附属设施”这两个具体设施；将“环境监测”作文字表述完善，修改为“生态环境监测”；增加“危害公共安全”的条件；删除“防汛”。本项中原来规定“等”公共设施，增加的这两项原本也包括在内，现在列明是从实践案件中反映盗窃、损毁这两类设施行为较多，列明后从形式上更加突出对这两项的保护。此项保护的是公共设施安全，包括但并不限于上述已经列明的公共设施；考虑到水利防汛工程不包括水利大坝等设施，实践中此类情况又比较突出，故删除“防汛”，扩大对水利工程公共设施的保护范围；增加“危及公共安全”条件，本项规定的公共设施范围较广，且规定的是本法中相对较重的处罚，故明确将“危及公共安全”作为处罚条件。三是将“领海标志”修改为“领海基点标志”，与国徽法中规定的，标示国界线的界桩、界碑和标示领海基点方位的标志碑以及其他用于显示国家主权的标志物可以使用国徽图案相衔接，表述更加准确。

第四十条　【妨害航空器飞行安全，妨害公共交通工具行驶安全】

修订前	修订后
第三十四条　盗窃、损坏、擅自移动使用中的航空设施，或者强行进入航空器驾驶舱的，处十日以上十五日以下拘留。 在使用中的航空器上使用可能影响导航系统正常功能的器具、工具，不听劝阻的，处五日以下拘留或者五百元以下罚款。	**第四十条**　盗窃、损坏、擅自移动使用中的航空设施，或者强行进入航空器驾驶舱的，处十日以上十五日以下拘留。 在使用中的航空器上使用可能影响导航系统正常功能的器具、工具，不听劝阻的，处五日以下拘留或者一千元以下罚款。 **盗窃、损坏、擅自移动使用中的其他公共交通工具设施、设备，或者以抢控驾驶操纵装置、拉扯、殴打驾驶人员等方式，干扰公共交通工具正常行驶的，处五日以下拘留或者一千元以下罚款；情节较重的，处五日以上十日以下拘留。**

这次修订对原治安管理处罚法第三十四条作了修改完善，提高了罚款数额，增加对妨害公共交通工具行驶安全行为的处罚规定。

主要作了以下修改：一是提高对在使用中的航空器上使用可能影响导航系统正常功能的器具、工具行为的罚款，将“五百元”提高为“一千元”，加大对此行为的处罚力度。这里需要注意的是，对此类行为的两种处罚“五日以下拘留”“一千元以下罚款”，是二选一的关系。二是增加对妨害公共交通工具行驶安全行为的处罚，作为第三款。本款包括两种行为：1. 盗窃、损坏、擅自移动使用中的其他公共交通工具设施、设备，干扰公共交通工具正常行驶的；2. 以抢控驾驶操纵装置、拉扯、殴打驾驶人员等方式，干扰公共交通工具正常行驶的。这次修订将这两种行为增列为妨害公共安全的行为并给予处罚，是为了确保人民群众出行安全。第一项行为中在本法原有规定“航空设施”

的基础上增加“其他公共交通工具设施”，如公交车设施、城市轨道交通设施、火车等。第二项行为是从保障公共交通工具安全行驶角度出发，以抢控驾驶操纵装置、拉扯、殴打驾驶人员等方式干扰行为作出的处罚。2020年刑法修正案（十一）增加刑法第一百三十三条之二妨害安全驾驶罪，对此类行为危及公共安全的，追究刑事责任。实践中应当正确界分违反本法的治安处罚与刑事责任，正确界定行为性质，做到过罚相当。本款规定了两种处罚梯度：一是五日以下拘留或者一千元以下罚款；二是情节较重的，处五日以上十日以下拘留。对于情节较重的认定，需要执法机关结合具体案件情况等作进一步明确。

第四十一条　【妨害铁路运行安全】

修订前	修订后
第三十五条　有下列行为之一的，处五日以上十日以下拘留，可以并处五百元以下罚款；情节较轻的，处五日以下拘留或者五百元以下罚款： （一）盗窃、损毁或者擅自移动铁路设施、设备、机车车辆配件或者安全标志的； （二）在铁路线路上放置障碍物，或者故意向列车投掷物品的； （三）在铁路线路、桥梁、涵洞处挖掘坑穴、采石取沙的； （四）在铁路线路上私设道口或者平交过道的。	**第四十一条**　有下列行为之一的，处五日以上十日以下拘留，可以并处一千元以下罚款；情节较轻的，处五日以下拘留或者一千元以下罚款： （一）盗窃、损毁、擅自移动铁路、**城市轨道交通**设施、设备、机车车辆配件或者安全标志的； （二）在铁路、**城市轨道交通**线路上放置障碍物，或者故意向列车投掷物品的； （三）在铁路、**城市轨道交通**线路、桥梁、**隧道**、涵洞处挖掘坑穴、采石取沙的； （四）在铁路、**城市轨道交通**线路上私设道口或者平交过道的。

这次修订对原治安管理处罚法第三十五条作了修改完善，提高了罚款数额，增加“城市轨道交通”规定，加强对其运行安全的保护。

主要作了以下修改：一是完善处罚规定，提高罚款数额，将“五百元”提高为“一千元”。上述修改是随着经济社会发展，属于“水涨船高”型的提高，并未明显加重罚款力度，有利于发挥治安管理处罚的惩戒、教育作用，体现法律处罚的严肃性。二是本条四项中增加“城市轨道交通”。城市轨道交通是与铁路运输本质相同的运输方式，具有大运量、高速度、客流密集的特点，一旦发生事故，容易增加群死群伤，其安全运行极其重要，故增加相关内容以加大对其的保护力度。三是在第三项中增加“隧道”区域的保护。这样可以涵盖线路、桥梁、隧道、涵洞等全区域，实现对铁路、城市轨道交通的全面保护。

第四十二条 【妨害列车行车安全】

修订前	修订后
第三十六条 擅自进入铁路防护网或者火车来临时在铁路线路上行走坐卧、抢越铁路，影响行车安全的，处警告或者二百元以下罚款。	**第四十二条** 擅自进入铁路、**城市轨道交通**防护网或者火车、**城市轨道交通列车**来临时在铁路、**城市轨道交通**线路上行走坐卧，抢越铁路、**城市轨道**，影响行车安全的，处警告或者**五**百元以下罚款。

这次修订对原治安管理处罚法第三十六条作了修改完善，提高了罚款数额，增加“城市轨道交通”规定，加强对行车安全的保护。

主要作了以下修改：一是完善处罚规定，提高罚款数额，将“二百元”提高为“五百元”。上述修改是随着经济社会发展，属于“水涨船高”型的提高，并未明显加重罚款力度，有利于发挥治安管理处罚的惩戒、教育作用，体现法律处罚的严肃性。二是增加“城市轨道交通”。城市轨道交通是与铁路运输本质相同的运输方式，具有大运量、高速度、客流密集的特点，一旦发生事故，容易增加群死群伤，其安全运行极其重要，故增加相关内容以加大对其的保护力度。与本法第四十一条不同的是，本条处罚的行为是擅自进入铁路、城市轨道交通防护网或者火车、城市轨道交通列车来临时在铁路、城市轨道交通线路上行走坐卧，抢越铁路、城市轨道，这些影响行车安全的行为。本条规定了两种处罚，“警告”和“五百元以下罚款”，主要是考虑到这类行为发生在日常生活中，有些人目的是抄近路、抢时间等，处警告或者相对数额较小的罚款，就能达到教育效果。

第四十三条　【擅自安装使用电网，道路施工妨碍行人安全，破坏道路施工安全设施，破坏公共设施，违反规定升放升空物体妨害消防安全，高空抛物】

修订前	修订后
第三十七条　有下列行为之一的，处五日以下拘留或者五百元以下罚款；情节严重的，处五日以上十日以下拘留，可以并处五百元以下罚款： （一）未经批准，安装、使用电网的，或者安装、使用电网不符合安全规定的； （二）在车辆、行人通行的地方施工，对沟井坎穴不设覆盖物、防围和警示标志的，或者故意损毁、移动覆盖物、防围和警示标志的； （三）盗窃、损毁路面井盖、照明等公共设施的。	**第四十三条**　有下列行为之一的，处五日以下拘留或者**一千**元以下罚款；情节严重的，处**十**日以上**十五**日以下拘留，可以并处**一千**元以下罚款： （一）未经批准，安装、使用电网的，或者安装、使用电网不符合安全规定的； （二）在车辆、行人通行的地方施工，对沟井坎穴不设覆盖物、防围和警示标志的，或者故意损毁、移动覆盖物、防围和警示标志的； （三）盗窃、损毁路面井盖、照明等公共设施的； **（四）违反有关法律法规规定，升放携带明火的升空物体，有发生火灾事故危险，不听劝阻的；** **（五）从建筑物或者其他高空抛掷物品，有危害他人人身安全、公私财产安全或者公共安全危险的。**

这次修订对原治安管理处罚法第三十七条作了修改完善，提高了罚款数额和对情节严重行为的拘留期限，增加违反规定升放升空物体、高空抛物行为的处罚。

主要作了以下修改：一是完善处罚规定，提高罚款数额，将“五百元”修改为“一千元”，“情节严重的”，处“五百元以下”提高为“一千元以下”；对情节严重的处罚，由“处五日以上十日以下拘留”提高为“处十日以上十五日以下拘留”。加大对本条规定行为的处罚力度。这些行为与人民群众生命财产、日常生产、生活密切相关，且容易造成严重的人身、财产损失，加大处罚力度，更能起到教育效果。二是增加第四项对违反规定升放升空物体行为的处罚。携带明火的升空物体特别是孔明灯，这些物体滞空时间长，且受气流等影响，人力难以控制，严重威胁山林、加油站以及飞机等安全，有必要增加处罚规定。现阶段关于升空物体的规定，散见于各地方的法规、规章以及其他规范性文件，考虑到本条有拘留处罚，为防止打击面过大，增加了“不听劝阻的”限制条件。这里的不听劝阻，指的是负有管理职责的部门进行劝阻。三是增加第五项对高空抛物行为的处罚。我国城镇化进程持续加快，高层建筑不断增多，出于各种目的如泄愤、丢弃垃圾等高空抛物行为越来越多，有的还造成人员伤亡等严重后果，不仅对城市文明安定环境造成恶劣影响，破坏人民群众安全感，还对人民群众生命财产安全造成严重危害。2020 年刑法修正案（十一）增加第二百九十一条之二高空抛物罪，对高空抛物，情节严重的，依法追究刑事责任。在本法中增加此类行为，也十分有必要。实践中应当正确界分违反本法的治安处罚与刑事责任，正确界定行为性质，做到过罚相当。

第四十四条　【举办大型活动违反安全规定】

修订前	修订后
第三十八条　举办文化、体育等大型群众性活动，违反有关规定，有发生安全事故危险的，责令停止活动，立即疏散；对组织	**第四十四条**　举办**体育、文化**等大型群众性活动，违反有关规定，有发生安全事故危险，**经公安机关责令改正而拒不改正或者**

者处五日以上十日以下拘留，并处二百元以上五百元以下罚款；情节较轻的，处五日以下拘留或者五百元以下罚款。	**无法改正**的，责令停止活动，立即疏散；对**其直接负责的主管人员和其他直接责任人员**处五日以上十日以下拘留，并处**一千**元以上**三千**元以下罚款；**情节较重的，处十日以上十五日以下拘留，并处三千元以上五千元以下罚款，可以同时责令六个月至一年以内不得举办大型群众性活动**。

这次修订对原治安管理处罚法第三十八条作了修改完善，增加限定条件；将组织者具体规定为“直接负责的主管人员和其他直接责任人员”；提高处罚规定的同时增加禁止令的规定。

主要作了以下修改：一是增加“经公安机关责令改正而拒不改正或者无法改正”的限定。实践中一些大型群众性活动举办过程中的一些危险可以通过整改消除；如果一律责令停止活动，立即疏散，不现实。因此增加责令改正而拒不改正或者无法改正的限定。二是组织者的具体范围进一步明确为“对其直接负责的主管人员和其他直接责任人员”，准确界定处罚主体。三是增加情节较重的处罚梯度，提高了拘留期限和罚款数额。大型群众性活动多是营利性活动，因此在现行法的基础上适当提高了罚款数额。四是增设禁止令的处罚。举办大型群众性活动由法人或者其他组织面向社会公众举办，经过安全许可。在处罚的同时禁止一定期限内禁止举办活动，这样有利于其深刻认识到行为危害性，加强对安全工作的重视，起到防止安全事故发生的目的。

第四十五条　【公共活动场所违反安全规定】

修订前	修订后
第三十九条　旅馆、饭店、影剧院、娱乐场、运动场、展览馆或者其他供社会公众活动的场所	**第四十五条**　旅馆、饭店、影剧院、娱乐场、**体育场馆**、展览馆或者其他供社会公众活动的场

的经营管理人员，违反安全规定，致使该场所有发生安全事故危险，经公安机关责令改正，拒不改正的，处五日以下拘留。	所违反安全规定，致使该场所有发生安全事故危险，经公安机关责令改正**而**拒不改正的，**对其直接负责的主管人员和其他直接责任人员**处五日以下拘留；**情节较重的，处五日以上十日以下拘留**。

这次修订对原治安管理处罚法第三十九条作了修改完善，单位实施的违法行为对主管人员和直接责任人员进行处罚，并增加一档情节较重的拘留处罚。

主要作了以下修改：一是，将“运动场”修改为“体育场馆”，与本法第二十八条的表述一致。二是，对行为主体作了修改完善，删去了“经营管理人员”的表述，修改为“旅馆、饭店、影剧院、娱乐场、体育场馆、展览馆或者其他供社会公众活动的场所”，对直接负责的主管人员和其他直接责任人员予以处罚。三是，修改了处罚规定，根据公共活动场所违反规定妨害公共安全的情节轻重，按照过罚相当的原则，增加一档情节较重的拘留处罚。将“责令改正，拒不改正的，处五日以下拘留”修改为“责令改正而拒不改正的，对其直接负责的主管人员和其他直接责任人员处五日以下拘留；情节较重的，处五日以上十日以下拘留”。

第四十六条　【违规飞行民用无人驾驶航空器、航空运动器材或者升空物体妨害空域管理】

修订前	修订后
本条未作规定。	**第四十六条　违反有关法律法规关于飞行空域管理规定，飞行民用无人驾驶航空器、航空运动器材，或者升放无人驾驶自由气球、系留气球等升空物体，情节较重的，处五日以上十日以下拘留。**

	飞行、升放前款规定的物体非法穿越国（边）境的，处十日以上十五日以下拘留。

这次修订增加了本条规定，明确了违反飞行空域管理规定飞行民用无人驾驶航空器、航空运动器材或者升空物体的处罚内容。

增加本条规定，主要是目前国内无人机生产制造企业数量大，无人机保有量逐年迅猛增长。在无人机行业快速发展的同时，无人机违规使用中存在的安全隐患和国家安全威胁日益凸显。实践中无人机在军事禁区、涉密设施附近进行非法拍摄或飞行，可能泄露国家机密，威胁核心区域安全。无人机在机场净空保护区内的违规飞行可能导致与民航飞机碰撞，或者通过无线电干扰影响导航系统，威胁航空安全。一段时间以来，全国因无人机黑飞等导致的安全事件频发，有必要在治安管理处罚法中增加相应规定，促进树立全民安全飞行理念。

第三节　侵犯人身权利、财产权利的行为和处罚

第四十七条　【组织、胁迫、诱骗进行恐怖表演，强迫劳动，非法限制人身自由，非法侵入住宅，非法搜查人身】

修订前	修订后
第四十条　有下列行为之一的，处十日以上十五日以下拘留，并处五百元以上一千元以下罚款；情节较轻的，处五日以上十日以下拘留，并处二百元以上五百元以下罚款： （一）组织、胁迫、诱骗不满十六周岁的人或者残疾人进行恐怖、残忍表演的； （二）以暴力、威胁或者其他	**第四十七条**　有下列行为之一的，处十日以上十五日以下拘留，并处**一千**元以上**二**千元以下罚款；情节较轻的，处五日以上十日以下拘留，并处**一千**元以下罚款： （一）组织、胁迫、诱骗不满十六周岁的人或者残疾人进行恐怖、残忍表演的； （二）以暴力、威胁或者其他

手段强迫他人劳动的； （三）非法限制他人人身自由、非法侵入他人住宅或者非法搜查他人身体的。	手段强迫他人劳动的； （三）非法限制他人人身自由、非法侵入他人住宅或者非法搜查他人身体的。

这次修订对原治安管理处罚法第四十条作了修改完善，适当提高罚款幅度。

主要作了以下修改：一是，完善了处罚规定，根据实践需要提高罚款数额，将“并处五百元以上一千元以下罚款”修改为“并处一千元以上二千元以下罚款”。二是，将情节较轻的，“并处二百元以上五百元以下罚款”修改为“并处一千元以下罚款”。

第四十八条 【组织、胁迫未成年人有偿陪侍】

修订前	修订后
本条未作规定。	**第四十八条 组织、胁迫未成年人在不适宜未成年人活动的经营场所从事陪酒、陪唱等有偿陪侍活动的，处十日以上十五日以下拘留，并处五千元以下罚款；情节较轻的，处五日以下拘留或者五千元以下罚款。**

这次修订增加了本条规定，明确了组织未成年人有偿陪侍行为的处罚内容。

增加这条规定主要是为了维护未成年人合法权益，保障其健康成长。未成年人身心发育尚不健全，辨别是非、自我保护能力不足，易成为被侵害目标。组织未成年人陪酒陪唱，要求未成年人衣着暴露、肢体亲密接触等，极易滋生猥亵、强奸、非法拘禁、组织强迫卖淫等违法犯罪行为，严重危害未成年人身心健康。实践中反映组织未成年人有偿陪侍，有团伙化、专业化趋势。团伙内部分工明确，有人负责招募，有人负责培训管理，有人负责接送，增加对组织、胁迫行为的处罚，维护良好社会环境，保护未成年人合法健康成长，十分有必要。

第四十九条　【胁迫、诱骗、利用他人乞讨，以滋扰他人的方式乞讨】

修订前	修订后
第四十一条　胁迫、诱骗或者利用他人乞讨的，处十日以上十五日以下拘留，可以并处一千元以下罚款。 反复纠缠、强行讨要或者以其他滋扰他人的方式乞讨的，处五日以下拘留或者警告。	**第四十九条**　胁迫、诱骗或者利用他人乞讨的，处十日以上十五日以下拘留，可以并处二千元以下罚款。 反复纠缠、强行讨要或者以其他滋扰他人的方式乞讨的，处五日以下拘留或者警告。

这次修订对原治安管理处罚法第四十一条作了修改完善，适当提高罚款数额。

主要作了以下修改：完善了处罚规定，根据实践情况适当提高罚款幅度，将“一千元以下罚款”修改为“二千元以下罚款”。

第五十条　【恐吓、侮辱、诽谤、诬告陷害、打击报复证人、滋扰他人、侵犯隐私等侵犯人身权利行为】

修订前	修订后
第四十二条　有下列行为之一的，处五日以下拘留或者五百元以下罚款；情节较重的，处五日以上十日以下拘留，可以并处五百元以下罚款： （一）写恐吓信或者以其他方法威胁他人人身安全的； （二）公然侮辱他人或者捏造事实诽谤他人的； （三）捏造事实诬告陷害他人，企图使他人受到刑事追究或者	**第五十条**　有下列行为之一的，处五日以下拘留或者一千元以下罚款；情节较重的，处五日以上十日以下拘留，可以并处一千元以下罚款： （一）写恐吓信或者以其他方法威胁他人人身安全的； （二）公然侮辱他人或者捏造事实诽谤他人的； （三）捏造事实诬告陷害他人，企图使他人受到刑事追究或者

受到治安管理处罚的； （四）对证人及其近亲属进行威胁、侮辱、殴打或者打击报复的； （五）多次发送淫秽、侮辱、恐吓或者其他信息，干扰他人正常生活的； （六）偷窥、偷拍、窃听、散布他人隐私的。	受到治安管理处罚的； （四）对证人及其近亲属进行威胁、侮辱、殴打或者打击报复的； （五）多次发送淫秽、侮辱、恐吓等信息或者**采取滋扰、纠缠、跟踪等方法**，干扰他人正常生活的； （六）偷窥、偷拍、窃听、散布他人隐私的。 **有前款第五项规定的滋扰、纠缠、跟踪行为的，除依照前款规定给予处罚外，经公安机关负责人批准，可以责令其一定期限内禁止接触被侵害人。对违反禁止接触规定的，处五日以上十日以下拘留，可以并处一千元以下罚款。**

这次修订对原治安管理处罚法第四十二条作了修改完善，适当提高罚款数额，增加对采取滋扰、纠缠、跟踪等方法干扰他人正常生活的处罚，同时，针对实践中出现的一些“软暴力”行为增加禁止接触规定。

主要作了以下修改：一是，完善了处罚规定，提高了处罚力度。将两档处罚的“五百元以下罚款”提高到“一千元以下罚款”。二是，将第五项“多次发送淫秽、侮辱、恐吓或者其他信息”修改为“多次发送淫秽、侮辱、恐吓等信息或者采取滋扰、纠缠、跟踪等方法”。考虑到实践中出现的一些“软暴力”行为，增加对采取滋扰、纠缠、跟踪等方法干扰他人正常生活的处罚。三是，增加一款规定，“有前款第五项规定的滋扰、纠缠、跟踪行为的，除依照前款规定给予处罚外，经公安机关负责人批准，可以责令其一定期限内禁止接触被侵害人。对违反禁止接触规定的，处五日以上十日以下拘留，可以并处一千元以下罚款”。本次修订在总结实践经验教训的基础上，增加了预防性保护措施的规定，主要目的是预防重大人身安全风险，保护受害者权益，保障社会治安秩序平稳运行。

第五十一条　【殴打他人，故意伤害他人身体】

修订前	修订后
第四十三条　殴打他人的，或者故意伤害他人身体的，处五日以上十日以下拘留，并处二百元以上五百元以下罚款；情节较轻的，处五日以下拘留或者五百元以下罚款。 有下列情形之一的，处十日以上十五日以下拘留，并处五百元以上一千元以下罚款： （一）结伙殴打、伤害他人的； （二）殴打、伤害残疾人、孕妇、不满十四周岁的人或者六十周岁以上的人的； （三）多次殴打、伤害他人或者一次殴打、伤害多人的。	**第五十一条**　殴打他人的，或者故意伤害他人身体的，处五日以上十日以下拘留，并处**五**百元以上**一千**元以下罚款；情节较轻的，处五日以下拘留或者**一千**元以下罚款。 有下列情形之一的，处十日以上十五日以下拘留，并处**一千**元以上**二**千元以下罚款： （一）结伙殴打、伤害他人的； （二）殴打、伤害残疾人、孕妇、不满十四周岁的人或者**七**十周岁以上的人的； （三）多次殴打、伤害他人或者一次殴打、伤害多人的。

这次修订对原治安管理处罚法第四十三条作了修改完善，适当提高罚款数额，并根据实践情况提高老年人执行拘留的年龄。

主要作了以下修改：一是，完善了处罚规定，根据实践情况提高罚款数额，将殴打他人、故意伤害他人身体，一般情形下拘留后并处“二百元以上五百元以下罚款”修改为“五百元以上一千元以下罚款”；情节较轻的，择处“五百元以下罚款”修改为“一千元以下罚款”。二是，将第二款情节较重的，拘留后并处“五百元以上一千元以下罚款”修改为“一千元以上二千元以下罚款”。三是，将第二款中的第二项殴打、伤害“六十周岁以上的人的”修改为殴打、伤害“七十周岁以上的人的”。根据审议和调研各方面意见，实践中与六十周岁以上老人发生纠纷的情况复杂，一律处十至十五日拘留的规定，过于刚性。另外，随着经济社会发展，修改为七十周岁更符合实际情况，也与本法中有关老年人不执行拘留的年龄相衔接。

第五十二条 【猥亵他人，公然裸露隐私部位】

修订前	修订后
第四十四条 猥亵他人的，或者在公共场所故意裸露身体，情节恶劣的，处五日以上十日以下拘留；猥亵智力残疾人、精神病人、不满十四周岁的人或者有其他严重情节的，处十日以上十五日以下拘留。	**第五十二条** 猥亵他人的，处五日以上十日以下拘留；猥亵**精神病人**、**智力残疾人**、不满十四周岁的人或者有其他严重情节的，处十日以上十五日以下拘留。 在公共场所故意裸露身体**隐私部位的，处警告或者五百元以下罚款**；情节恶劣的，**处五日以上十日以下拘留**。

这次修订对原治安管理处罚法第四十三条作了修改完善，考虑到实践中社会生活情况复杂，根据情形不同，本次修订对公共场所故意裸露身体隐私部位的增加了警告、罚款的处罚。

主要作了以下修改：一是，将“猥亵他人的，或者在公共场所故意裸露身体”分作两款规定，对猥亵他人的单独规定“处五日以上十日以下拘留”。二是，将“在公共场所故意裸露身体隐私部位”的行为新增为第二款，“在公共场所故意裸露身体隐私部位的，处警告或者五百元以下罚款；情节恶劣的，处五日以上十日以下拘留”。考虑到实践中社会生活情况复杂，有的醉酒后在饭店走廊裸露身体隐私部位，有的在商场、电影院等故意赤裸下身，根据情形不同，本次修订增加了警告、罚款的处罚。

第五十三条 【虐待家庭成员，虐待被监护人和被看护人，遗弃被扶养人】

修订前	修订后
第四十五条 有下列行为之一的，处五日以下拘留或者警告： （一）虐待家庭成员，被虐待	**第五十三条** 有下列行为之一的，处五日以下拘留或者警告；**情节较重的，处五日以上十日以下**

人要求处理的； （二）遗弃没有独立生活能力的被扶养人的。	**拘留，可以并处一千元以下罚款：** （一）虐待家庭成员，被虐待人**或者其监护人**要求处理的； **（二）对未成年人、老年人、患病的人、残疾人等负有监护、看护职责的人虐待被监护、看护的人的；** **（三）**遗弃没有独立生活能力的被扶养人的。

这次修订对原治安管理处罚法第四十五条作了修改完善，增加了情节较重的处罚档次，增加了监护人可以向公安机关报案的情形，同时增加一项违法行为，“对未成年人、老年人、患病的人、残疾人等负有监护、看护职责的人虐待被监护、看护的人的”以适应实践需要，并与刑法第二百六十条虐待罪，刑法第二百六十条之一虐待被监护、看护人罪相衔接。

主要作了以下修改：一是，维护家庭成员之间的平等互爱，是建立和谐社会的根本保障，本法加大对被侵害人的保护力度，增加了情节较重的处罚档次，“情节较重的，处五日以上十日以下拘留，可以并处一千元以下罚款”。二是，将“虐待家庭成员，被虐待人要求处理的”修改为“虐待家庭成员，被虐待人或者其监护人要求处理的”，如果被虐待人没有能力要求处理，或者因受到强制、威吓无法要求处理的，其监护人可以向公安机关报案。三是，未成年人、老年人、患病的人、残疾人等均是社会的弱势群体，行为人负有监护、看护职责，应尽职履责，做好照顾、服务工作，行为人对这些弱势群体实施虐待，会对他们的身心造成严重伤害。本条增加一项违法行为，即“对未成年人、老年人、患病的人、残疾人等负有监护、看护职责的人虐待被监护、看护的人的”予以治安管理处罚。

第五十四条　【强迫交易】

修订前	修订后
第四十六条　强买强卖商品，强迫他人提供服务或者强迫他人接受服务的，处五日以上十日以下拘留，并处二百元以上五百元以下罚款；情节较轻的，处五日以下拘留或者五百元以下罚款。	**第五十四条**　强买强卖商品，强迫他人提供服务或者强迫他人接受服务的，处五日以上十日以下拘留，并处**三千**元以上五**千**元以下罚款；情节较轻的，处五日以下拘留或者**一千**元以下罚款。

这次修订对原治安管理处罚法第四十六条作了修改完善，适当提高罚款数额。

主要作了以下修改：将强迫交易，实施一般违法行为的，拘留后并处“二百元以上五百元以下罚款”修改为“三千元以上五千元以下罚款”；情节较轻的，拘留后择处“五百元以下罚款”修改为“一千元以下罚款”。

第五十五条　【煽动民族仇恨、民族歧视，刊载民族歧视、侮辱内容】

修订前	修订后
第四十七条　煽动民族仇恨、民族歧视，或者在出版物、计算机信息网络中刊载民族歧视、侮辱内容的，处十日以上十五日以下拘留，可以并处一千元以下罚款。	**第五十五条**　煽动民族仇恨、民族歧视，或者在出版物、信息网络中刊载民族歧视、侮辱内容的，处十日以上十五日以下拘留，可以并处三千元以下罚款；**情节较轻的，处五日以下拘留或者三千元以下罚款**。

这次修订对原治安管理处罚法第四十七条作了修改完善，根据社会经济发展水平适当提高罚款数额，同时增加情节较轻的处罚，以适应实践中的复杂情况。

主要作了以下修改：一是，修改表述，将“计算机信息网络”修改为“信息网络”。二是，实践中出现一些行为人因感情纠纷，或者出于民族取笑、猎奇等目的，在网上发表涉及丑化少数民族同胞的言论或者图片，尚未造成严重后果，行为人有删除言论帖子、赔礼道歉等行为的，情节相对较轻。本条根据社会经济发展水平适当提高罚款数额，同时增加情节较轻的处罚，以适应实践中的复杂情况，将“可以并处一千元以下罚款”修改为“可以并处三千元以下罚款”，增加情节较轻的一档处罚，“处五日以下拘留或者三千元以下罚款”。

第五十六条　【违反规定出售或者提供个人信息】

修订前	修订后
本条未作规定。	**第五十六条　违反国家有关规定，向他人出售或者提供个人信息的，处十日以上十五日以下拘留；情节较轻的，处五日以下拘留。** **窃取或者以其他方法非法获取个人信息的，依照前款的规定处罚。**

这次修订增加了本条规定，明确了违反国家有关规定，向他人出售或者提供个人信息、窃取或者以其他方法非法获取个人信息的处罚。

随着互联网、大数据、人工智能等现代信息技术的不断发展，公民的个人信息逐渐发展成为一种重要的社会资源。实践中，一些违法人员受到巨大利益驱动，违反国家规定，出售或者提供公民个人信息，为电信网络诈骗犯罪集团提供信息支撑，从中牟取非法利益，侵害群众利益，严重扰乱行业管理和社会管理秩序，社会危害巨大，本条对违反国家有关规定，向他人出售或者提供个人信息的行为予以惩处。

第五十七条 【侵犯通信自由】

修订前	修订后
第四十八条 冒领、隐匿、毁弃、私自开拆或者非法检查他人邮件的，处五日以下拘留或者五百元以下罚款。	**第五十七条** 冒领、隐匿、毁弃、**倒卖**、私自开拆或者非法检查他人邮件**、快件**的，**处警告**或者**一千**元以下罚款；**情节较重的，**处五日**以上十日**以下拘留。

这次修订对原治安管理处罚法第四十八条作了修改完善，完善了处罚档次和幅度，适当提高罚款数额以及拘留处罚的期限。

主要作了以下修改：一是在侵犯的对象中增加了"快件"。随着快递、包裹等寄递物品行业的快速发展，"邮件"一词已不能完全涵盖信件和其他寄递物品。根据邮政法第八十四条及快递暂行条例第五条的规定，将信件外的其他寄递物品统称为"快件"吸收到本条中，符合时代发展需求，既有利于保护公民的通信自由，也重视保护公民的财产权益。二是违法行为中增加了"倒卖"行为。实践中，除了通过冒领、隐匿、毁弃、私自开拆或者非法检查等方式侵犯公民通信自由及相应财产权益外，还存在将邮件、快件中的物品进行倒卖的现象。为了打击这一违法行为，更好地保护公民的财产权益，增加规定倒卖行为。三是增加一档对情节较重的处罚，并适当提高处罚幅度，即将处罚由"处五日以下拘留或者五百元以下罚款"修改为"处警告或者一千元以下罚款；情节较重的，处五日以上十日以下拘留"。随着快递业的快速发展，本条规定的违法行为发生较多，且情况较为复杂，2005 年治安管理处罚法规定的处罚已经无法满足实践需要，这次修改治安管理处罚法对本条规定的处罚作了调整，对情节较轻的行为增加了警告处罚；考虑到经济社会发展状况，相应提高了罚款的标准，由"五百元以下"修改为"一千元以下"；对情节较重的行为，提高了拘留期限，将"五日以下拘留"修改为"五日以上十日以下拘留"，体现出过罚相当原则，更好发挥处罚的警示教育意义。

第五十八条　【盗窃、诈骗、哄抢、抢夺、敲诈勒索】

修订前	修订后
第四十九条　盗窃、诈骗、哄抢、抢夺、敲诈勒索或者故意损毁公私财物的，处五日以上十日以下拘留，可以并处五百元以下罚款；情节较重的，处十日以上十五日以下拘留，可以并处一千元以下罚款。	**第五十八条**　盗窃、诈骗、哄抢、抢夺或者敲诈勒索的，处五日以上十日以下拘留**或者二千**元以下罚款；情节较重的，处十日以上十五日以下拘留，可以并处**三千**元以下罚款。

这次修订对原治安管理处罚法第四十九条作了修改完善，对盗窃、诈骗、哄抢、抢夺、敲诈勒索的行为和处罚作了修改，适当提高罚款数额。

主要作了以下修改：一是将盗窃、诈骗、哄抢、抢夺、敲诈勒索与故意损毁公私财物的行为作区分，分设成两条，分别处罚。本条对盗窃、诈骗、哄抢、抢夺、敲诈勒索的行为及处罚进行规定。二是完善了处罚规定，适当提高了罚款数额，将一般违法行为拘留后“可以并处五百元以下罚款”修改为对拘留或者“二千元以下罚款”择处；情节较重的，“可以并处一千元以下罚款”修改为“可以并处三千元以下罚款。”将第一档处罚的处拘留且“可以并处罚款”修改为拘留与罚款选择性适用，体现出处罚的多层次性和可选择性，有利于减少拘留的适用。同时，考虑到经济社会发展状况，将“五百元以下罚款”修改为“二千元以下罚款”，“一千元以下罚款”修改为“三千元以下罚款”，相应提高了罚款的标准，更好发挥处罚的警示教育意义。

第五十九条　【故意损毁公私财物】

修订前	修订后
第四十九条　盗窃、诈骗、哄抢、抢夺、敲诈勒索或者故意损毁公私财物的，处五日以上十日	**第五十九条**　故意损毁公私财物的，处五日以下拘留**或者一千**元以下罚款；情节较重的，处五

以下拘留，可以并处五百元以下罚款；情节较重的，处十日以上十五日以下拘留，可以并处一千元以下罚款。	日以上十日以下拘留，可以并处三千元以下罚款。
这次修订对原治安管理处罚法第四十九条作了修改完善，对故意损毁公私财物的行为作了修改，适当提高罚款数额，降低拘留期限。 主要作了以下修改：一是将故意损毁公私财物的行为与盗窃、诈骗、哄抢、抢夺、敲诈勒索从原第四十九条中独立出来，单独设立一条，并规定不同的处罚。考虑到故意损毁公私财物的行为与盗窃、诈骗、哄抢、抢夺、敲诈勒索等单纯的侵犯财产行为在类别上存在较大区别，因此单独对故意损毁公私财物的行为及处罚作了规定。二是将处罚标准“处五日以上十日以下拘留，可以并处五百元以下罚款；情节较重的，处十日以上十五日以下拘留，可以并处一千元以下罚款。”修改为“处五日以下拘留或者一千元以下罚款；情节较重的，处五日以上十日以下拘留，可以并处三千元以下罚款。”相对于2005年治安管理处罚法的规定，对故意损毁公私财物行为的处罚总体上轻缓化。这是考虑到实践中，故意损毁公私财物的行为多源于邻里矛盾、日常琐事等民间纠纷，处罚上的轻缓化，更利于公安机关介入调解和纠纷矛盾的化解，对修复社会关系具有积极意义。	

第六十条　【对学生欺凌的处理】

修订前	修订后
本条未作规定。	**第六十条**　以殴打、侮辱、恐吓等方式实施学生欺凌，违反治安管理的，公安机关应当依照本法、《中华人民共和国预防未成年人犯罪法》的规定，给予治安管理处罚、采取相应矫治教育等措施。 学校违反有关法律法规规定，

	明知发生严重的学生欺凌或者明知发生其他侵害未成年学生的犯罪，不按规定报告或者处置的，责令改正，对其直接负责的主管人员和其他直接责任人员，建议有关部门依法予以处分。

这次修订增加了本条规定，明确了学生间实施学生欺凌及处罚的规定和学校违法违规不按规定报告或者处置的法律责任。

增加本条规定，主要是学生校园安全事关亿万学生的身心健康和全面发展，事关千家万户的幸福和社会和谐稳定，事关中华民族的未来和伟大复兴，是全面贯彻党的教育方针的重要体现。对校园欺凌问题进行综合整治，不仅是学校及相关部门的职责要求，更是整个社会贯彻落实国家教育方针的重要一环。本条从治安管理角度对校园欺凌中侵害者的违法行为责任、学校的管理报告义务责任等进行规定。与预防未成年人犯罪法、未成年人保护法及相关规定相衔接，对校园欺凌问题齐抓共管，形成工作合力。

第四节　妨害社会管理的行为和处罚

第六十一条　【阻碍依法执行公务】

修订前	修订后
第五十条　有下列行为之一的，处警告或者二百元以下罚款；情节严重的，处五日以上十日以下拘留，可以并处五百元以下罚款： （一）拒不执行人民政府在紧急状态情况下依法发布的决定、命令的；	**第六十一条**　有下列行为之一的，处警告或者**五**百元以下罚款；情节严重的，处五日以上十日以下拘留，可以并处**一千**元以下罚款： （一）拒不执行人民政府在紧急状态情况下依法发布的决定、命令的；

（二）阻碍国家机关工作人员依法执行职务的； （三）阻碍执行紧急任务的消防车、救护车、工程抢险车、警车等车辆通行的； （四）强行冲闯公安机关设置的警戒带、警戒区的。 阻碍人民警察依法执行职务的，从重处罚。	（二）阻碍国家机关工作人员依法执行职务的； （三）阻碍执行紧急任务的消防车、救护车、工程抢险车、警车**或者执行上述紧急任务的专用船舶**通行的； （四）强行冲闯公安机关设置的警戒带、警戒区**或者检查点**的。 阻碍人民警察依法执行职务的，从重处罚。

这次修订对原治安管理处罚法第五十条作了修改完善，对实践中阻碍依法执行公务的行为和对象作了补充完善，根据实践情况适当提高罚款数额。

主要作了以下修改：一是将一般违法行为的罚款从“二百元以下罚款”修改为“五百元以下罚款”，将情节严重行为的罚款从“五百元以下罚款”修改为“一千元以下罚款”。这是根据经济社会发展情况，相应地提高了罚款标准，更好发挥处罚的警示教育意义。二是将第三项中增加了“或者执行上述紧急任务的专用船舶”。这是根据实践执法需要，对执行紧急任务车辆的表述进行完善，除了车辆外，还包括依法执行紧急任务的船舶。三是在第四项中增加“检查点”。实践中，冲闯公安机关设置的检查点的违法行为时有发生，产生了较大社会危害和影响，有必要将该行为纳入处罚范围。

第六十二条　【招摇撞骗】

修订前	修订后
第五十一条　冒充国家机关工作人员或者以其他虚假身份招摇撞骗的，处五日以上十日以下拘留，可以并处五百元以下罚款；情节较轻的，处五日以下拘留或者	**第六十二条**　冒充国家机关工作人员招摇撞骗的，处**十**日以上**十五**日以下拘留，可以并处**一千**元以下罚款；情节较轻的，处五日**以上十日**以下拘留。

五百元以下罚款。 冒充军警人员招摇撞骗的，从重处罚。	冒充军警人员招摇撞骗的，从重处罚。 **盗用、冒用个人、组织的身份、名义**或者以其他虚假身份招摇撞骗的，**处五日以下拘留或者一千元以下罚款；情节较重的，处五日以上十日以下拘留，可以并处一千元以下罚款。**

这次修订对原治安管理处罚法第五十一条作了修改完善，对冒充国家机关工作人员招摇撞骗和以其他虚假身份招摇撞骗的分别设定了不同的处罚，增加了盗用、冒用个人、组织的身份、名义招摇撞骗的行为。

主要作了以下修改：一是将第一款冒充国家机关工作人员招摇撞骗的行为单独规定并加重处罚，从“处五日以上十日以下拘留，可以并处五百元以下罚款；情节较轻的，处五日以下拘留或者五百元以下罚款”修改为“处十日以上十五日以下拘留，可以并处一千元以下罚款；情节较轻的，处五日以上十日以下拘留”。冒充国家机关工作人员招摇撞骗的行为，除侵犯他人人身财产权利外，还严重影响国家机关的形象，因而提高了相应的处罚标准，设置了比以其他虚假身份招摇撞骗更重的处罚。同时，根据经济社会发展状况，相应提高了罚款的标准，更好发挥处罚的警示教育意义。二是将“以其他虚假身份招摇撞骗的”修改为“盗用、冒用个人、组织的身份、名义或者以其他虚假身份招摇撞骗的”规定在第三款，增加了盗用、冒用他人身份、组织名义的行为，进一步完善行为类型，并单独规定了拘留和罚款处罚。

第六十三条 【伪造、变造、买卖、出租、出借公文、证件、证明文件、印章，伪造、变造、倒卖有价票证、船舶户牌等】

修订前	修订后
第五十二条 有下列行为之一的，处十日以上十五日以下拘留，	**第六十三条** 有下列行为之一的，处十日以上十五日以下拘留，

可以并处一千元以下罚款；情节较轻的，处五日以上十日以下拘留，可以并处五百元以下罚款： （一）伪造、变造或者买卖国家机关、人民团体、企业、事业单位或者其他组织的公文、证件、证明文件、印章的； （二）买卖或者使用伪造、变造的国家机关、人民团体、企业、事业单位或者其他组织的公文、证件、证明文件的； （三）伪造、变造、倒卖车票、船票、航空客票、文艺演出票、体育比赛入场券或者其他有价票证、凭证的； （四）伪造、变造船舶户牌，买卖或者使用伪造、变造的船舶户牌，或者涂改船舶发动机号码的。	可以并处**五**千元以下罚款；情节较轻的，处五日以上十日以下拘留，可以并处**三千**元以下罚款： （一）伪造、变造或者买卖国家机关、人民团体、企业、事业单位或者其他组织的公文、证件、证明文件、印章的； **（二）出租、出借国家机关、人民团体、企业、事业单位或者其他组织的公文、证件、证明文件、印章供他人非法使用的；** （三）买卖或者使用伪造、变造的国家机关、人民团体、企业、事业单位或者其他组织的公文、证件、证明文件、**印章**的； （四）伪造、变造**或者**倒卖车票、船票、航空客票、文艺演出票、体育比赛入场券或者其他有价票证、凭证的； **（五）**伪造、变造船舶户牌，买卖或者使用伪造、变造的船舶户牌，或者涂改船舶发动机号码的。

这次修订对原治安管理处罚法第五十二条作了修改完善，适当提高罚款数额，并根据实践情况增加了出租、出借公文、证件、证明文件、印章供他人非法使用的行为。

主要作了以下修改：一是完善了处罚规定，提高罚款数额，将“可以并处一千元以下罚款”修改为“可以并处五千元以下罚款”；将情节较轻的，“可以并处五百元以下罚款”修改为“可以并处三千元以下罚款”。拘留的处罚未作调整，仅对罚款的数额标准相应地进行了提高，以与当前的经济社会发展情况相匹配，更好发挥处罚的警示教育意义。二是增加一项“出租、出借国家机关、人民团体、企业、事业单位或者其他组织的公文、证件、证明文件、印章供他人非法使用的”违法行为。在经济交往及日常生产、生活中，出租、出借相关公文、证件、证明文件、印章供他人非法使用的行为时有发生，为一些违法违规操作创造了空间，甚至为诈骗等犯罪提供了条件，对社会公平秩序造成影响，应当予以规制。三是在“买卖或者使用伪造、变造的国家机关、人民团体、企业、事业单位或者其他组织的公文、证件、证明文件”中增加了“印章”。与前一项规定的内容保持衔接一致，进一步完善处罚的范围。四是将第四项“伪造、变造、倒卖”修改为“伪造、变造或者倒卖”，进行文字调整。

第六十四条　【船舶擅自进入、停靠国家禁止、限制进入的水域或者岛屿】

修订前	修订后
第五十三条　船舶擅自进入、停靠国家禁止、限制进入的水域或者岛屿的，对船舶负责人及有关责任人员处五百元以上一千元以下罚款；情节严重的，处五日以下拘留，并处五百元以上一千元以下罚款。	**第六十四条**　船舶擅自进入、停靠国家禁止、限制进入的水域或者岛屿的，对船舶负责人及有关责任人员处一千元以上二千元以下罚款；情节严重的，处五日以下拘留，**可以**并处二千元以下罚款。

这次修订对原治安管理处罚法第五十三条作了修改完善，适当提高罚款数额，调整了处罚幅度。

主要作了以下修改：完善了处罚规定，适当提高罚款数额，调整了处罚幅度，将一般违法行为处“五百元以上一千元以下罚款”修改为“一千元以上二千元以下罚款”；情节严重的，“并处五百元以上一千元以下罚款”，修改为“可以并处二千元以下罚款”的选择性处罚。拘留的处罚未作调整，仅对罚款的数额标准进行了相应提高，适当调整了处罚幅度，以与当前的经济社会发展情况相匹配，更好发挥处罚的警示教育意义。

第六十五条　【社会组织非法活动，擅自经营需公安许可行业】

修订前	修订后
第五十四条　有下列行为之一的，处十日以上十五日以下拘留，并处五百元以上一千元以下罚款；情节较轻的，处五日以下拘留或者五百元以下罚款： （一）违反国家规定，未经注册登记，以社会团体名义进行活动，被取缔后，仍进行活动的； （二）被依法撤销登记的社会团体，仍以社会团体名义进行活动的； （三）未经许可，擅自经营按照国家规定需要由公安机关许可的行业的。 有前款第三项行为的，予以取缔。 取得公安机关许可的经营者，违反国家有关管理规定，情节严重的，公安机关可以吊销许可证。	**第六十五条**　有下列行为之一的，处十日以上十五日以下拘留，**可以**并处五千元以下罚款；情节较轻的，处五日**以上十日**以下拘留或者**一千元以上三千元以下**罚款： （一）违反国家规定，未经注册登记，以社会团体、**基金会、社会服务机构等社会组织**名义进行活动，被取缔后，仍进行活动的； （二）被依法撤销登记**或者吊销登记证书**的社会团体、**基金会、社会服务机构等社会组织**，仍以**原社会组织**名义进行活动的； （三）未经许可，擅自经营按照国家规定需要由公安机关许可的行业的。 有前款第三项行为的，予以取缔。**被取缔一年以内又实施的，处十日以上十五日以下拘留，并处三千元以上五千元以下罚款。** 取得公安机关许可的经营者，违反国家有关管理规定，情节严重的，公安机关可以吊销许可证**件**。

这次修订对原治安管理处罚法第五十四条作了修改完善，针对社会组织发展中存在的问题扩大了处罚范围，同时适当提高拘留期限和罚款数额，增加了新的行政处罚。

主要作了以下修改：一是，将本条中的“社会团体”修改为“社会团体、基金会、社会服务机构等社会组织”。根据民法典关于非营利法人的规定对社团组织进行了完善补充，扩大了主体适用的范围，总体与社会组织的发展情况相适应。二是，根据慈善法有关慈善机构的终止情形，将“被依法撤销登记”修改为“被依法撤销登记或者吊销登记证书”，明确了被吊销登记证书后仍以原社会组织名义进行活动的违法行为。三是，将“处十日以上十五日以下拘留，并处五百元以上一千元以下罚款；情节较轻的，处五日以下拘留或者五百元以下罚款”修改为“处十日以上十五日以下拘留，可以并处五千元以下罚款；情节较轻的，处五日以上十日以下拘留或者一千元以上三千元以下罚款”。鉴于社会组织发展的状况和违规行为的多发现状，原法规定的拘留期限及罚款数额不能有效发挥处罚的效果，因此，相应提高了对情节较轻的违法行为的拘留处罚，对罚款的数额标准也相应地进行了提高。四是，在第二款增加新的行政处罚，增加规定“被取缔一年以内又实施的，处十日以上十五日以下拘留，并处三千元以上五千元以下罚款”，明确了对擅自经营特许经营行业违规再犯行为，给予更为严厉的治安处罚，充分发挥警示教育意义。五是，将第三款“吊销许可证”修改为“吊销许可证件”。许可证件的范围包括许可证及相关执照、资质的证明文件，根据实践中公安机关许可的情况，进一步完善相关表述。

第六十六条 【煽动、策划非法集会、游行、示威】

修订前	修订后
第五十五条 煽动、策划非法集会、游行、示威，不听劝阻的，处十日以上十五日以下拘留。	**第六十六条** 煽动、策划非法集会、游行、示威，不听劝阻的，处十日以上十五日以下拘留。

本条是关于对煽动、策划非法集会、游行、示威行为的规定，这次修订对本条未作修改。

本条规定对煽动、策划非法集会、游行、示威活动，不听劝阻的行为，给予较为严厉的治安拘留处罚。过去一段时期，国际敌对势力对社会主义国家加紧推行和平演变战略，国内一些不法分子也利用目前我们在工作中出现的一些问题，通过各种手段趁机煽动群众，以集会、游行、示威的方式制造事端，向党和政府施压，严重危害了国家的稳定和安全。为了有效地打击这些不法分子的非法活动，维护国家的稳定，保障社会主义现代化建设的顺利进行，该条对煽动、策划非法集会、游行、示威的行为，规定给予治安管理处罚。

第六十七条 【旅馆业工作人员违反治安管理规定】

修订前	修订后
第五十六条 旅馆业的工作人员对住宿的旅客不按规定登记姓名、身份证件种类和号码的，或者明知住宿的旅客将危险物质带入旅馆，不予制止的，处二百元以上五百元以下罚款。 旅馆业的工作人员明知住宿的旅客是犯罪嫌疑人员或者被公安机关通缉的人员，不向公安机关报告的，处二百元以上五百元以下罚款；情节严重的，处五日以下拘留，可以并处五百元以下罚款。	**第六十七条** **从事**旅馆业**经营活动**不按规定登记**住宿人员**姓名、**有效**身份证件种类和号码**等信息**的，或者**为身份不明、拒绝登记身份信息的人提供住宿服务的，对其直接负责的主管人员和其他直接责任人员**处五百元以上**一千**元以下罚款；**情节较轻的，处警告或者五百元以下罚款**。 **实施前款行为，妨害反恐怖主义工作进行，违反《中华人民共和国反恐怖主义法》规定的，依照其规定处罚。** **从事**旅馆业**经营活动有下列行为之一的，对其直接负责的主管人员和其他直接责任人员**处一千元以上三千元以下罚款；情节严重的，处五日以下拘留，可以并处**三千元以上五千**元以下罚款： **（一）**明知住宿**人员违反规定**将危险物质带入**住宿区域**，不予制止的； **（二）**明知住宿**人员**是犯罪嫌

	疑人员或者被公安机关通缉的人员，不向公安机关报告的； **（三）明知住宿人员利用旅馆实施犯罪活动，不向公安机关报告的。**

这次修订对原治安管理处罚法第五十六条作了修改完善，根据实践情况完善了相关表述，增加了一款与反恐怖主义法相衔接的相关规定，强化了旅馆业工作人员的报告义务和法律责任。

主要作了以下修改：一是，将第一款中“旅馆业的工作人员对住宿的旅客不按规定登记姓名、身份证件种类和号码的，或者明知住宿的旅客将危险物质带入旅馆，不予制止的，处二百元以上五百元以下罚款”修改为“从事旅馆业经营活动不按规定登记住宿人员姓名、有效身份证件种类和号码等信息的，或者为身份不明、拒绝登记身份信息的人提供住宿服务的，对其直接负责的主管人员和其他直接责任人员处五百元以上一千元以下罚款；情节较轻的，处警告或者五百元以下罚款”。根据实践情况，完善了相关表述；增加了为身份不明、拒绝登记身份信息的人提供住宿服务的违法情形，与反恐怖主义法规定一致；对行为主体作了修改，并明确对直接负责的主管人员和其他直接责任人员进行处罚；根据社会发展相应提高了处罚标准，增加了一档对情节较轻违法行为的处罚。二是，增加第二款“实施前款行为，妨害反恐怖主义工作进行，违反《中华人民共和国反恐怖主义法》规定的，依照其规定处罚”，与反恐怖主义法的规定相衔接，明确了适用反恐怖主义法进行处罚的限定条件和要求，解决公安机关执法实践中，援引反恐怖主义法的规定进行处罚，在一些情况下不符合过罚相当原则的问题。三是，将原第一款、第二款部分违法行为在第三款中分三项作出规定，并对相关表述进行完善，同时增加规定“明知住宿人员利用旅馆实施犯罪活动，不向公安机关报告的”行为。实践中发现，一些隐蔽犯罪常隐藏于宾馆、酒店内，如开设赌场、容留卖淫以及电信诈骗等犯罪活动，旅馆业工作人员在日常工作中一旦发现的，应当及时向公安机关报告。增加该项有利于提高旅馆业工作人员的责任意识，进一步挤压违法犯罪发生的空间。

第六十八条 【房屋出租人违反治安管理规定】

修订前	修订后
第五十七条 房屋出租人将房屋出租给无身份证件的人居住的，或者不按规定登记承租人姓名、身份证件种类和号码的，处二百元以上五百元以下罚款。 房屋出租人明知承租人利用出租房屋进行犯罪活动，不向公安机关报告的，处二百元以上五百元以下罚款；情节严重的，处五日以下拘留，可以并处五百元以下罚款。	**第六十八条** 房屋出租人将房屋出租给**身份不明、拒绝登记身份信息**的人的，或者不按规定登记承租人姓名、**有效**身份证件种类和号码**等信息**的，处五百元以上**一千**元以下罚款；**情节较轻的，处警告或者五百元以下罚款**。 房屋出租人明知承租人利用出租房屋**实施**犯罪活动，不向公安机关报告的，处**一千**元以上**三千**元以下罚款；情节严重的，处五日以下拘留，可以并处**三千元以上五千**元以下罚款。

这次修订对原治安管理处罚法第五十七条作了修改完善，根据实践情况完善了出租房屋登记身份信息的要求，并完善了处罚规定，适当提高罚款数额。

主要作了以下修改：一是，根据实践情况完善了出租房屋登记身份信息的要求，将第一款“无身份证件的人”修改为“身份不明、拒绝登记身份信息的人”，在“身份证件”前增加“有效”。二是，将第一款规定的处罚由一档修改为情节一般和情节较轻两档，对情节较轻的，规定处警告或者五百元以下罚款。三是，适当提高了罚款数额，完善了处罚规定，将第一款规定的“二百元以上五百元以下罚款”修改为“五百元以上一千元以下罚款；情节较轻的，处警告或者五百元以下罚款”；将第二款规定的“二百元以上五百元以下罚款”“五百元以下罚款”分别修改为“一千元以上三千元以下罚款”“三千元以上五千元以下罚款”。

第六十九条　【特定行业经营者未按照规定登记信息】

修订前	修订后
本条未作规定。	第六十九条　娱乐场所和公章刻制、机动车修理、报废机动车回收行业经营者违反法律法规关于要求登记信息的规定，不登记信息的，处警告；拒不改正或者造成后果的，对其直接负责的主管人员和其他直接责任人员处五日以下拘留或者三千元以下罚款。

这次修订增加了本条规定，明确了娱乐场所和公章刻制、机动车修理、报废机动车回收行业经营者违反登记信息制度的行为及其处罚。

增加本条规定，主要是根据维护社会治安和娱乐场所、公章刻制、机动车修理、报废机动车回收行业管理秩序、防范治安隐患的需要，并与现行行政法规、部门规章对娱乐场所、印章业、机动车修理、报废机动车回收行业规定的登记相关信息或报送相关信息的规定相衔接，保障这些行业登记信息制度的正常运行，对这些行业经营者违反登记信息制度的行为规定了治安管理处罚。处罚幅度分为两档，对一般违法行为处警告，对拒不改正或者造成后果的，处拘留或者罚款。

第七十条　【非法安装、使用、提供窃听、窃照专用器材】

修订前	修订后
本条未作规定。	第七十条　非法安装、使用、提供窃听、窃照专用器材的，处五日以下拘留或者一千元以上三千元以下罚款；情节较重的，处五日以上十日以下拘留，并处三千元以上五千元以下罚款。

这次修订增加了本条规定，明确了非法安装、使用、提供窃听、窃照专用器材的违反治安管理行为及其处罚。

增加本条规定，主要是根据维护社会治安和公民、组织的隐私、商业秘密等合法权益的需要，并与刑法关于非法生产、销售、使用窃听、窃照专用器材的规定相衔接，对非法安装、使用、提供窃听、窃照专用器材的行为规定了治安管理处罚。处罚幅度分为两档，对一般违法行为处五日以下拘留或者一千元以上三千元以下罚款，对情节较重的，处五日以上十日以下拘留，并处三千元以上五千元以下罚款。

第七十一条 【典当业、废旧物品收购业违反治安管理规定】

修订前	修订后
第五十九条 有下列行为之一的，处五百元以上一千元以下罚款；情节严重的，处五日以上十日以下拘留，并处五百元以上一千元以下罚款： （一）典当业工作人员承接典当的物品，不查验有关证明、不履行登记手续，或者明知是违法犯罪嫌疑人、赃物，不向公安机关报告的； （二）违反国家规定，收购铁路、油田、供电、电信、矿山、水利、测量和城市公用设施等废旧专用器材的； （三）收购公安机关通报寻查的赃物或者有赃物嫌疑的物品的； （四）收购国家禁止收购的其他物品的。	**第七十一条** 有下列行为之一的，处**一千**元以上**三千**元以下罚款；情节严重的，处五日以上十日以下拘留，并处**一千**元以上**三千**元以下罚款： （一）典当业工作人员承接典当的物品，不查验有关证明、不履行登记手续**的**，或者**违反国家规定对**明知是违法犯罪嫌疑人、赃物**而**不向公安机关报告的； （二）违反国家规定，收购铁路、油田、供电、电信、矿山、水利、测量和城市公用设施等废旧专用器材的； （三）收购公安机关通报寻查的赃物或者有赃物嫌疑的物品的； （四）收购国家禁止收购的其他物品的。

这次修订对原治安管理处罚法第五十九条作了修改完善，根据实践情况完善了处罚规定，适当提高罚款数额。

主要作了以下修改：一是，完善了处罚规定，适当提高了罚款数额，将一般违法行为和情节严重的“五百元以上一千元以下罚款”均修改为“一千元以上三千元以下罚款”。二是对典当业工作人员违反治安管理行为的构成条件作了部分修改，对典当业工作人员明知是违法犯罪嫌疑人、赃物不向公安机关报告的行为予以处罚，明确是“违反国家规定”的要求。

第七十二条　【妨害行政执法秩序，违反刑事监督管理规定】

修订前	修订后
第六十条　有下列行为之一的，处五日以上十日以下拘留，并处二百元以上五百元以下罚款： （一）隐藏、转移、变卖或者损毁行政执法机关依法扣押、查封、冻结的财物的； （二）伪造、隐匿、毁灭证据或者提供虚假证言、谎报案情，影响行政执法机关依法办案的； （三）明知是赃物而窝藏、转移或者代为销售的； （四）被依法执行管制、剥夺政治权利或者在缓刑、暂予监外执行中的罪犯或者被依法采取刑事强制措施的人，有违反法律、行政法规或者国务院有关部门的监督管理规定的行为。	**第七十二条**　有下列行为之一的，处五日以上十日以下拘留，**可以**并处**一千元以下罚款；情节较轻的，处警告或者一千元以下罚款：** （一）隐藏、转移、变卖、**擅自使用**或者损毁行政执法机关依法扣押、查封、冻结、**扣留、先行登记保存**的财物的； （二）伪造、隐匿、毁灭证据或者提供虚假证言、谎报案情，影响行政执法机关依法办案的； （三）明知是赃物而窝藏、转移或者代为销售的； （四）被依法执行管制、剥夺政治权利或者在缓刑、暂予监外执行中的罪犯或者被依法采取刑事强制措施的人，有违反法律、行政法规或者国务院有关部门的监督管理规定的行为的。

这次修订对原治安管理处罚法第六十条作了修改完善，根据实践情况完善了处罚幅度和罚款规定，与其他法律法规衔接，完善了妨害行政执法行为的规定。

主要作了以下修改：一是，根据实践情况和过罚相当原则，将一档处罚幅度修改为两档，增加“情节较轻的，处警告或者一千元以下罚款”一档处罚。二是，完善罚款的规定，将“并处”罚款修改为“可以并处”，将罚款数额的“二百元以上五百元以下罚款”修改为“一千元以下罚款”。三是，根据实践情况并与有关行政管理法律法规衔接，完善妨害行政执法行为的规定，增加“擅自使用”“扣留”“先行登记保存”的规定。

第七十三条　【违反有关机关依法作出的禁止性决定】

修订前	修订后
本条未作规定。	第七十三条　有下列行为之一的，处警告或者一千元以下罚款；情节较重的，处五日以上十日以下拘留，可以并处一千元以下罚款： （一）违反人民法院刑事判决中的禁止令或者职业禁止决定的； （二）拒不执行公安机关依照《中华人民共和国反家庭暴力法》、《中华人民共和国妇女权益保障法》出具的禁止家庭暴力告诫书、禁止性骚扰告诫书的； （三）违反监察机关在监察工作中、司法机关在刑事诉讼中依法采取的禁止接触证人、鉴定人、被害人及其近亲属保护措施的。

这次修订增加了本条规定，明确了违反有关机关依法作出的禁止性规定的行为及其处罚。

增加本条规定，主要是保障刑法、反家庭暴力法、妇女权益保障法、刑事诉讼法、监察法实施条例等法律法规规定的禁止性规定的实施，维护社会治安秩序的需要，与上述法律法规的有关规定相衔接，对违反有关机关依照上述法律法规作出的禁止性规定的行为规定了治安管理处罚。处罚幅度分为两档，对一般违法行为处警告或者一千元以下罚款；情节较重的，处五日以上十日以下拘留，可以并处一千元以下罚款。

第七十四条　【脱逃】

修订前	修订后
本条未作规定。	**第七十四条　依法被关押的违法行为人脱逃的，处十日以上十五日以下拘留；情节较轻的，处五日以上十日以下拘留。**

这次修订增加了本条规定，明确了依法被关押的违法行为人脱逃的行为及其处罚。

增加本条规定，主要是根据维护社会治安和执法秩序的需要，为保障行政拘留、司法拘留、强制隔离戒毒、拘留审查等限制人身自由的处罚和强制措施的实施，与行政处罚法、行政强制法、刑事诉讼法、民事诉讼法、行政诉讼法、出境入境管理法等法律有关规定相衔接，对依法被关押的违法行为人脱逃的行为规定了治安管理处罚。处罚幅度分为两档，对一般违法行为处十日以上十五日以下拘留；情节较轻的，处五日以上十日以下拘留。

第七十五条 【故意损坏文物、名胜古迹】

修订前	修订后
第六十三条 有下列行为之一的，处警告或者二百元以下罚款；情节较重的，处五日以上十日以下拘留，并处二百元以上五百元以下罚款： （一）刻划、涂污或者以其他方式故意损坏国家保护的文物、名胜古迹的； （二）违反国家规定，在文物保护单位附近进行爆破、挖掘等活动，危及文物安全的。	**第七十五条** 有下列行为之一的，处警告或者**五**百元以下罚款；情节较重的，处五日以上十日以下拘留，并处**五**百元以上**一千**元以下罚款： （一）刻划、涂污或者以其他方式故意损坏国家保护的文物、名胜古迹的； （二）违反国家规定，在文物保护单位附近进行爆破、**钻探**、挖掘等活动，危及文物安全的。

这次修订对原治安管理处罚法第六十三条作了修改完善，根据实践情况，与文物保护法衔接，补充了应受处罚的行为，完善了处罚规定，适当提高罚款数额。

主要作了以下修改：一是，根据实践需要和有关方面的意见，并与文物保护法有关规定衔接，在第二项应受处罚的行为中增加了“钻探”。二是，完善了处罚规定，适当提高了罚款数额，将一般违法行为的“二百元以下罚款”修改为“五百元以下罚款”，情节较重的“二百元以上五百元以下罚款”修改为“五百元以上一千元以下罚款”。

第七十六条 【偷开他人车、船、航空器，无证驾驶航空器、船舶】

修订前	修订后
第六十四条 有下列行为之一的，处五百元以上一千元以下罚款；情节严重的，处十日以上十五日以下拘留，并处五百元以上	**第七十六条** 有下列行为之一的，处**一千**元以上**二千**元以下罚款；情节严重的，处十日以上十五日以下拘留，**可以**并处**二千**元

一千元以下罚款： （一）偷开他人机动车的； （二）未取得驾驶证驾驶或者偷开他人航空器、机动船舶的。	以下罚款： （一）偷开他人机动车的； （二）未取得驾驶证驾驶或者偷开他人航空器、机动船舶的。

这次修订对原治安管理处罚法第六十四条作了修改完善，根据实践情况完善了处罚规定，适当调整罚款数额。

主要作了以下修改：一是，根据实践情况和过罚相当原则，完善罚款的规定。将第二档处罚的“并处”罚款修改为“可以并处”。二是，适当调整罚款数额。将第一档罚款数额由“五百元以上一千元以下罚款”修改为“一千元以上二千元以下罚款”，将第二档罚款数额由“五百元以上一千元以下罚款”修改为“二千元以下罚款”。

第七十七条 【破坏他人坟墓、尸骨、骨灰，违法停放尸体】

修订前	修订后
第六十五条 有下列行为之一的，处五日以上十日以下拘留；情节严重的，处十日以上十五日以下拘留，可以并处一千元以下罚款： （一）故意破坏、污损他人坟墓或者毁坏、丢弃他人尸骨、骨灰的； （二）在公共场所停放尸体或者因停放尸体影响他人正常生活、工作秩序，不听劝阻的。	**第七十七条** 有下列行为之一的，处五日以上十日以下拘留；情节严重的，处十日以上十五日以下拘留，可以并处二千元以下罚款： （一）故意破坏、污损他人坟墓或者毁坏、丢弃他人尸骨、骨灰的； （二）在公共场所停放尸体或者因停放尸体影响他人正常生活、工作秩序，不听劝阻的。

这次修订对原治安管理处罚法第六十五条作了修改完善，根据实践情况完善了处罚规定，适当调整罚款数额。

主要作了以下修改：完善了处罚规定，适当调整罚款数额。将情节严重的罚款数额由“一千元以下罚款”修改为“二千元以下罚款”。

第七十八条　【卖淫、嫖娼，拉客招嫖】

修订前	修订后
第六十六条　卖淫、嫖娼的，处十日以上十五日以下拘留，可以并处五千元以下罚款；情节较轻的，处五日以下拘留或者五百元以下罚款。 在公共场所拉客招嫖的，处五日以下拘留或者五百元以下罚款。	**第七十八条**　卖淫、嫖娼的，处十日以上十五日以下拘留，可以并处五千元以下罚款；情节较轻的，处五日以下拘留或者**一千**元以下罚款。 在公共场所拉客招嫖的，处五日以下拘留或者**一千**元以下罚款。

这次修订对原治安管理处罚法第六十六条作了修改完善，根据实践情况完善了处罚规定，适当调整罚款数额。

主要作了以下修改：完善了处罚规定，适当调整罚款数额。将卖淫、嫖娼情节较轻和在公共场所拉客招嫖的的罚款数额由“五百元以下罚款”修改为“一千元以下罚款”。

第七十九条　【引诱、容留、介绍卖淫】

修订前	修订后
第六十七条　引诱、容留、介绍他人卖淫的，处十日以上十五日以下拘留，可以并处五千元以下罚款；情节较轻的，处五日以下拘留或者五百元以下罚款。	**第七十九条**　引诱、容留、介绍他人卖淫的，处十日以上十五日以下拘留，可以并处五千元以下罚款；情节较轻的，处五日以下拘留或者 **千元以上二千元**以下罚款。

这次修订对原治安管理处罚法第六十七条作了修改完善，适当提高罚款数额。

本条主要修改了一处，完善了处罚规定，提高了情节较轻情况下的罚款数额，将“五百元以下罚款”修改为“一千元以上二千元以下罚款”。这样修改主要是根据经济社会发展水平适当提高一些治安违法行为的处罚幅度，并重点针对高发的违法行为加大处罚力度。引诱、容留、介绍他人卖淫属于社会治安管理中需要加大惩治力度的违法行为，因此本条根据经济社会发展水平提高了情节较轻情况下的罚款数额。

第八十条　【制作、运输、复制、出售、出租淫秽物品，传播淫秽信息】

修订前	修订后
第六十八条　制作、运输、复制、出售、出租淫秽的书刊、图片、影片、音像制品等淫秽物品或者利用计算机信息网络、电话以及其他通讯工具传播淫秽信息的，处十日以上十五日以下拘留，可以并处三千元以下罚款；情节较轻的，处五日以下拘留或者五百元以下罚款。	**第八十条**　制作、运输、复制、出售、出租淫秽的书刊、图片、影片、音像制品等淫秽物品或者利用信息网络、电话以及其他通讯工具传播淫秽信息的，处十日以上十五日以下拘留，可以并处**五**千元以下罚款；情节较轻的，处五日以下拘留或者**一千元以上三千元**以下罚款。 **前款规定的淫秽物品或者淫秽信息中涉及未成年人的，从重处罚。**

这次修订对原治安管理处罚法第六十八条作了修改完善，适当提高罚款数额，完善了符合时代特征的行为表述，增加了一款关于涉及未成年人从重处罚的规定。

主要作了以下修改：一是，将“利用计算机信息网络”传播淫秽信息修改为“利用信息网络”传播淫秽信息。主要考虑是，数字化信息网络技术的发展日新月异，“信息网络”相较“计算机信息网络”，可以更为准确涵盖当前数字化信息时代的表现形式和运行方式。将实践中一些直接通过信息网络实施的行为明确认定为本条规定的违法行为并对其予以处罚，比如通过移动端APP、网络云端存储技术、互联网区块链技术等实施本条规定的违法行为等。二是，完善处罚规定，适度提高罚款数额。对于实施本条规定的一般违法行为的，由原先的“三千元以下罚款”，修改为“五千元以下罚款”；情节较轻的，由原先的“五百元以下罚款”修改为“一千元以上三千元以下罚款”。这样修改主要是考虑根据经济社会发展水平适当提高一些治安违法行为的处罚幅度，并针对高发的违法行为加大处罚力度。三是，增加了一款规定作为第二款，“前款规定的淫秽物品或者淫秽信息中涉及未成年人的，从重处罚”。这样修改主要考虑，要进一步加大对未成年人的保护，对于淫秽物品、淫秽信息的内容涉及未成年人的应当加重处罚力度。

第八十一条　【组织播放淫秽音像，组织或者进行淫秽表演，参与聚众淫乱活动】

修订前	修订后
第六十九条　有下列行为之一的，处十日以上十五日以下拘留，并处五百元以上一千元以下罚款： （一）组织播放淫秽音像的； （二）组织或者进行淫秽表演的； （三）参与聚众淫乱活动的。 明知他人从事前款活动，为其提供条件的，依照前款的规定处罚。	**第八十一条**　有下列行为之一的，处十日以上十五日以下拘留，并处**一**千元以上**二**千元以下罚款： （一）组织播放淫秽音像的； （二）组织或者进行淫秽表演的； （三）参与聚众淫乱活动的。 明知他人从事前款活动，为其提供条件的，依照前款的规定处罚。 **组织未成年人从事第一款活动的，从重处罚。**

此次修订对原治安管理处罚法第六十九条作了修改完善，适当提高了罚款数额，并根据实践情况增加了组织未成年人从事淫秽活动依法从重处罚的规定。

主要作了以下修改：一是根据实践情况提高罚款数额，将第一款“五百元以上一千元以下罚款”修改为“一千元以上二千元以下罚款”。二是同步提高了帮助实施淫秽活动的处罚力度。三是增加一款规定，“组织未成年人从事第一款活动的，从重处罚”。明确组织未成年人从事淫秽活动的行为构成违反治安管理处罚法的行为的，应依法予以从重处罚。

第八十二条 【为赌博提供条件，赌博】

修订前	修订后
第七十条 以营利为目的，为赌博提供条件的，或者参与赌博赌资较大的，处五日以下拘留或者五百元以下罚款；情节严重的，处十日以上十五日以下拘留，并处五百元以上三千元以下罚款。	**第八十二条** 以营利为目的，为赌博提供条件的，或者参与赌博赌资较大的，处五日以下拘留或者**一千**元以下罚款；情节严重的，处十日以上十五日以下拘留，并处**一千**元以上**五**千元以下罚款。

这次修订对原治安管理处罚法第七十条作了修改完善，根据实践情况，适当提高罚款数额。

主要作了以下修改：一是提高了对违法行为第一档处罚的罚款数额，将“五百元以下罚款”修改为“一千元以下罚款”。二是提高了第二档处罚的罚款数额，将情节严重的罚款数额由“五百元以上三千元以下罚款”修改为“一千元以上五千元以下罚款”。

第八十三条 【违反毒品原植物规定的行为】

修订前	修订后
第七十一条 有下列行为之一的，处十日以上十五日以下拘留，可以并处三千元以下罚款；情节较轻的，处五日以下拘留或者	**第八十三条** 有下列行为之一的，处十日以上十五日以下拘留，可以并处**五**千元以下罚款；情节较轻的，处五日以下拘留或者

五百元以下罚款： （一）非法种植罂粟不满五百株或者其他少量毒品原植物的； （二）非法买卖、运输、携带、持有少量未经灭活的罂粟等毒品原植物种子或者幼苗的； （三）非法运输、买卖、储存、使用少量罂粟壳的。 有前款第一项行为，在成熟前自行铲除的，不予处罚。	一千元以下罚款： （一）非法种植罂粟不满五百株或者其他少量毒品原植物的； （二）非法买卖、运输、携带、持有少量未经灭活的罂粟等毒品原植物种子或者幼苗的； （三）非法运输、买卖、储存、使用少量罂粟壳的。 有前款第一项行为，在成熟前自行铲除的，不予处罚。

这次修订对原治安管理处罚法第七十一条作了修改完善，根据实践情况，适当提高了本条规定的违法行为的罚款数额。

主要作了以下修改：一是，完善处罚规定，提高了对非法种植毒品原植物，非法买卖、运输、携带、持有毒品原植物种苗以及非法运输、买卖、储存、使用罂粟壳违法行为的罚款数额。将处治安拘留后可以并处“三千元以下罚款”修改为“五千元以下罚款”。二是，提高了对本条规定的“情节较轻”的违法行为的罚款数额，将“五百元以下罚款”修改为“一千元以下罚款”。

第八十四条 【非法持有、向他人提供毒品，吸毒，胁迫、欺骗开具麻醉药品、精神药品】

修订前	修订后
第七十二条 有下列行为之一的，处十日以上十五日以下拘留，可以并处二千元以下罚款；情节较轻的，处五日以下拘留或者五百元以下罚款： （一）非法持有鸦片不满二百克、海洛因或者甲基苯丙胺不满十克或者其他少量毒品的；	**第八十四条** 有下列行为之一的，处十日以上十五日以下拘留，可以并处三千元以下罚款；情节较轻的，处五日以下拘留或者一千元以下罚款： （一）非法持有鸦片不满二百克、海洛因或者甲基苯丙胺不满十克或者其他少量毒品的；

（二）向他人提供毒品的； （三）吸食、注射毒品的； （四）胁迫、欺骗医务人员开具麻醉药品、精神药品的。	（二）向他人提供毒品的； （三）吸食、注射毒品的； （四）胁迫、欺骗医务人员开具麻醉药品、精神药品的。 **聚众、组织吸食、注射毒品的，对首要分子、组织者依照前款的规定从重处罚。** **吸食、注射毒品的，可以同时责令其六个月至一年以内不得进入娱乐场所、不得擅自接触涉及毒品违法犯罪人员。违反规定的，处五日以下拘留或者一千元以下罚款。**

这次修订对原治安管理处罚法第七十二条作了修改完善，适当提高罚款数额。根据实践情况对聚众、组织吸毒的首要分子、组织者规定从重处罚，同时规定可以对吸毒人员设置禁止令，并设置了法律责任保障禁止令实施。

主要作了以下修改：一是完善处罚规定，根据实践情况提高罚款数额，将两档罚款分别由“二千元以下罚款”修改为“三千元以下罚款”；情节较轻的，“五百元以下罚款”修改为“一千元以下罚款”。二是增加一款规定作为本条第二款，对聚众、组织吸食、注射毒品的首要分子、组织者规定适用第一款规定从重处罚。三是增加一款规定作为本条第三款。实践中，吸毒人员身处一些场所环境、接触涉毒违法人员等会加大复吸毒品或者实施其他与毒品有关的违法犯罪行为的概率。为预防并遏制涉毒违法行为，本条增加一款规定，授权公安机关在作出治安处罚的同时可以禁止吸毒人员在六个月至一年以内不得进入娱乐场所、不得擅自接触涉及毒品违法犯罪人员。如果违反该禁止令，则处五日以下拘留或者一千元以下罚款。

第八十五条　【引诱、教唆、欺骗、强迫、容留他人吸食、注射毒品，介绍买卖毒品】

修订前	修订后
第七十三条　教唆、引诱、欺骗他人吸食、注射毒品的，处十日以上十五日以下拘留，并处五百元以上二千元以下罚款。	**第八十五条**　引诱、教唆、欺骗**或者强迫**他人吸食、注射毒品的，处十日以上十五日以下拘留，并处一千元以上五千元以下罚款。 **容留他人吸食、注射毒品或者介绍买卖毒品的，处十日以上十五日以下拘留，可以并处三千元以下罚款；情节较轻的，处五日以下拘留或者一千元以下罚款。**

这次修订对原治安管理处罚法第七十三条作了修改完善，根据实践情况，完善了违法行为的表述，增加了强迫他人吸食、注射毒品的违法行为，并适当提高引诱、教唆、欺骗或者强迫他人吸食、注射毒品违法行为的罚款数额。同时与禁毒法的规定做好衔接，将禁毒法中已经确定的违法行为在治安管理处罚法中再次规定，增加了容留他人吸食、注射毒品或者介绍买卖毒品予以治安处罚的规定，设置了更为合适的法律责任。

主要作了以下修改：一是，完善了违法行为的表述，将“教唆、引诱”他人吸食、注射毒品调整为“引诱、教唆”他人吸食、注射毒品。这样规定与刑法第三百五十三条“引诱、教唆、欺骗他人吸食、注射毒品”和禁毒法第五十九条“（六）强迫、引诱、教唆、欺骗他人吸食、注射毒品”的规定相衔接。二是，增加了强迫他人吸食、注射毒品的违法行为。刑法第三百五十三条第二款规定了强迫他人吸毒罪，并配置了较为严厉的刑罚。实践中对于实施了强迫他人吸食、注射毒品的违法行为，但是尚不构成犯罪的，应当予以治安处罚，避免出现处罚空档，因此增加了“强迫他人吸毒罪”予以治安处罚的规定。三是，根据实践情况，完善了处罚规定，适当提高了引诱、教唆、欺骗或者强迫他人吸食、注射毒品行为的罚款数额，即将“五百元以上二千元以下罚款”修改为“一千元以上五千元以下罚款”。四是，将容留他人吸食、注射毒品或者介绍买卖毒品的行为在治安管理处罚法中明确设置处罚依据，方便公安机关执法适用。对容留他人吸食、注射毒品或者介绍买卖毒品的行为设置两档处罚，一般行为的处十日以上十五日以下拘留，可以并处三千元以下罚款；情节较轻的，处五日以下拘留或者一千元以下罚款。

第八十六条 【非法生产、经营、购买、运输用于制造毒品的原料、配剂】

修订前	修订后
本条未作规定。	**第八十六条 违反国家规定，非法生产、经营、购买、运输用于制造毒品的原料、配剂的，处十日以上十五日以下拘留；情节较轻的，处五日以上十日以下拘留。**

这次修订治安管理处罚法增加了本条规定，作为第八十六条，明确将非法生产、经营、购买、运输用于制造毒品的原料、配剂的行为规定为违反治安管理的处罚内容。

增加本条规定，一方面是在治安管理中，补充惩治该类涉毒违法行为的规定，解决实践中对于该类违法行为根据现行法律法规要么只能予以罚款，要么情节较重直接构成犯罪，处罚存在跳档、不合理的问题。另一方面是做好行刑衔接，对于非法生产、经营、购买、运输用于制造毒品的原料、配剂的行为，情节轻微不需要判处刑罚，但是仍需要予以行政处罚的，根据本条规定予以治安处罚。对于非法生产、经营、购买、运输用于制造毒品的原料、配剂的行为，首先需要注意这里的违反国家规定，并非违反一般性生产、经营、管理相关原料、配剂的国家规定，而是违反用于防范相关原料、配剂成为毒品原材料的国家规定，主要是禁毒法、易制毒化学品管理条例等规定，防范违法行为导致相关原料、配剂流出，成为制造毒品的预备行为或者前期行为。其次，本条规定了两档处罚，即处十日以上十五日以下拘留；情节较轻的，处五日以上十日以下拘留。

第八十七条　【为吸毒、赌博、卖淫、嫖娼人员通风报信或者提供其他条件】

修订前	修订后
第七十四条　旅馆业、饮食服务业、文化娱乐业、出租汽车业等单位的人员，在公安机关查处吸毒、赌博、卖淫、嫖娼活动时，为违法犯罪行为人通风报信的，处十日以上十五日以下拘留。	**第八十七条**　旅馆业、饮食服务业、文化娱乐业、出租汽车业等单位的人员，在公安机关查处吸毒、赌博、卖淫、嫖娼活动时，为违法犯罪行为人通风报信的，**或者以其他方式为上述活动提供条件的，**处十日以上十五日以下拘留；**情节较轻的，处五日以下拘留或者一千元以上二千元以下罚款**。

这次修订对原治安管理处罚法第七十四条作了修改完善，增加了以其他方式为吸毒、赌博、卖淫、嫖娼活动提供条件的行为也应予以治安处罚的规定，并根据实践情况，增加了违法行为情节较轻的一档处罚。

主要作了以下修改：一是将以其他方式为吸毒、赌博、卖淫、嫖娼活动提供条件的行为规定为违反治安管理行为，根据本条规定予以处罚。即"在公安机关查处吸毒、赌博、卖淫、嫖娼活动时，为违法犯罪行为人通风报信的"后增加"或者以其他方式为上述活动提供条件的"规定，以涵盖其他为吸毒、赌博、卖淫、嫖娼活动提供条件的违法行为。二是增加一档情节较轻的处罚。规定"情节较轻的，处五日以下拘留或者一千元以上二千元以下罚款"。这样规定补充了处罚档次，方便公安机关根据案件的具体情况掌握适用，体现过罚相当的原则。

第八十八条 【社会生活噪声干扰他人】

修订前	修订后
第五十八条 违反关于社会生活噪声污染防治的法律规定，制造噪声干扰他人正常生活的，处警告；警告后不改正的，处二百元以上五百元以下罚款。	**第八十八条** 违反关于社会生活噪声污染防治的法律**法规**规定，**产生社会生活**噪声，**经基层群众性自治组织、业主委员会、物业服务人、有关部门依法劝阻、调解和处理未能制止，继续**干扰他人正常生活、**工作和学习**的，**处五日以下拘留或者一千元以下罚款；情节严重的，处五日以上十日以下拘留，可以并处一千元以下罚款**。

这次修订对原治安管理处罚法第五十八条作了修改完善，与2021年新制定的噪声污染防治法进行了衔接，明确了由公安机关处理社会生活噪声违法行为的条件，并根据实践情况提高了对违法行为的处罚。

主要作了以下修改：一是，明确了受治安管理处罚法调整的噪音违法行为的范围，是“违反关于社会生活噪声污染防治的法律法规规定，产生社会生活噪声”的行为，即本条规定只调整涉及社会生活噪音的违法行为。这里违反的“社会生活噪声污染防治的法律”扩大范围至“社会生活噪声污染防治的法律法规”，以包含更多层级的规范，加大了保护力度。二是，明确了公安机关处罚违法行为的类型，是“经基层群众性自治组织、业主委员会、物业服务人、有关部门依法劝阻、调解和处理未能制止，继续干扰他人正常生活、工作和学习”的行为。根据新颁布的噪声污染防治法相关规定，对噪声敏感建筑物集中区域的社会生活噪声扰民行为，基层群众性自治组织、业主委员会、物业服务人应当及时劝阻、调解；劝阻、调解无效的，可以向负有社会生活噪声污染防治监督管理职责的部门或者地方人民政府指定的部门报告或者投诉，接到报告或者投诉的部门应当依法处理。对于产生社会生活噪声，经劝阻、调解和处理未能制止，持续干扰他人正常生活、工作和学习的，由公安机关依法给予治安管理处罚。本条规定与噪声污染防治法的规定进行了衔接。三是，加大处罚力度。将原来“处警告；警告后不改正的，处二百元以上五百元以下罚款”修改为“处五日以下拘留或者一千元以下罚款；情节严重的，处五日以上十日以下拘留，可以并处一千元以下罚款”。这样设置是基于对“继续干扰他人正常生活、工作和学习的”行为加重处罚的考虑，以期能够实现对严重侵犯他人权益的行为予以处罚，及时消除噪音、平复受损的社会秩序和社会关系。

第八十九条　【饲养动物干扰他人，违法出售、饲养危险动物，饲养动物致人伤害，驱使动物伤害他人】

修订前	修订后
第七十五条　饲养动物，干扰他人正常生活的，处警告；警告后不改正的，或者放任动物恐吓他人的，处二百元以上五百元以下罚款。 驱使动物伤害他人的，依照本法第四十三条第一款的规定处罚。	**第八十九条**　饲养动物，干扰他人正常生活的，处警告；警告后不改正的，或者放任动物恐吓他人的，处**一千元以下**罚款。 **违反有关法律、法规、规章规定，出售、饲养烈性犬等危险动物的，处警告；警告后不改正的，或者致使动物伤害他人的，处五日以下拘留或者一千元以下罚款；情节较重的，处五日以上十日以下拘留。** **未对动物采取安全措施，致使动物伤害他人的，处一千元以下罚款；情节较重的，处五日以上十日以下拘留。** 驱使动物伤害他人的，依照本法**第五十一条**的规定处罚。

这次修订对原治安管理处罚法第七十五条作了修改完善，适当加重了处罚力度，并根据实践情况增加了两款规定，明确对违反规定，出

售、饲养烈性犬等危险动物以及未对动物采取安全措施致使他人受伤的行为予以处罚。

主要作了以下修改：一是，完善了处罚规定，提高了处罚力度。对于饲养动物干扰他人正常生活的第二档处罚由处“二百元以上五百元以下罚款”修改为“一千元以下罚款”。此外，驱使动物伤害他人的行为依照修订后的治安管理处罚法第五十一条的规定处罚，本法第五十一条提高了对殴打他人、故意伤害他人身体行为的罚款数额，故驱使动物伤害他人的行为的处罚也相应提高。同时驱使动物伤害他人的行为也可能具有较为严重的情节，适用第五十一条规定的更高一档的处罚，即“处十日以上十五日以下拘留，并处一千元以上二千元以下罚款”。二是，增加一款规定作为第二款，对违法违规出售、饲养烈性犬等危险动物的行为明确予以治安处罚。该款设置三档处罚，第一档处罚是警告，警告后不改正或者致使动物伤害他人的，处五日以下拘留或者一千元以下罚款，情节严重的，处五日以上十日以下拘留。三是，增加一款规定作为第三款，对未对动物采取安全措施，致使动物伤害他人的，处一千元以下罚款；情节较重的，处五日以上十日以下拘留。这里主要是对饲养动物的人员提出了采取安全措施的要求，如果不采取安全措施，致使动物伤害他人的，由公安机关予以治安处罚。

第四章　处 罚 程 序

第一节　调　查

第九十条　【立案调查】

修订前	修订后
第七十七条　公安机关对报案、控告、举报或者违反治安管理行为人主动投案，以及其他行政主管部门、司法机关移送的违反治安管理案件，应当及时受理，并进行登记。 **第七十八条**　公安机关受理报案、控告、举报、投案后，认为属于违反治安管理行为的，应当立即进行调查；认为不属于违反治安管理行为的，应当告知报案人、控告人、举报人、投案人，并说明理由。	**第九十条**　公安机关对报案、控告、举报或者违反治安管理行为人主动投案，以及其他**国家**机关移送的违反治安管理案件，应当立即**立案并**进行调查；认为不属于违反治安管理行为的，应当告知报案人、控告人、举报人、投案人，并说明理由。

这次修订对原治安管理处罚法第七十七条、第七十八条作了合并、修改完善，明确了公安机关对于治安案件立案调查的规定。

主要作了以下修改：一是，将原第七十七条中的“应当及时受理，并进行登记”修改为“立案”。衔接行政处罚法关于“立案”程序的规定，将“受理”修改为“立案”。二是，将第七十七条和第七十八条合并为一条规定。在实际执法过程中，立案和判断案件性质、调查是紧密相连的步骤，将两条合并，更符合执法实际情况。三是，将原第七十七条中的“以及其他行政主管部门、司法机关移送的违反治安管理案件”中的“行政主管部门、司法机关”修改为“国家机关”。四是，删去原第七十八条中“公安机关受理报案、控告、举报、投案后，认为属于违反治安管理行为的”规定。

第九十一条　【严禁非法收集证据】

修订前	修订后
第七十九条　公安机关及其人民警察对治安案件的调查，应当依法进行。严禁刑讯逼供或者采用威胁、引诱、欺骗等非法手段收集证据。 以非法手段收集的证据不得作为处罚的根据。	**第九十一条**　公安机关及其人民警察对治安案件的调查，应当依法进行。严禁刑讯逼供或者采用威胁、引诱、欺骗等非法手段收集证据。 以非法手段收集的证据不得作为处罚的根据。

本条是对公安机关依法调查取证，严禁以非法手段收集证据的规定，这次修订对本条未作修改。

本条规定主要从调查程序、证据收集方式以及证据效力三个关键层面，构建起了治安案件调查的法律规范框架，对保障治安管理处罚的公正性与合法性意义重大。

第九十二条　【收集、调取证据】

修订前	修订后
本条未作规定。	**第九十二条　公安机关办理治安案件，有权向有关单位和个人收集、调取证据。有关单位和个人应当如实提供证据。** **公安机关向有关单位和个人收集、调取证据时，应当告知其必**

	须如实提供证据，以及伪造、隐匿、毁灭证据或者提供虚假证言应当承担的法律责任。

这次修订增加了本条规定，明确了公安机关办理治安案件收集、调取证据的要求。

增加本条规定，主要是明确公安机关办理治安案件时收集、调取证据的相关权力与要求，以及有关单位和个人如实提供证据的义务等内容。

第九十三条 【其他案件证据材料的使用】

修订前	修订后
本条未作规定。	**第九十三条** 在办理刑事案件过程中以及其他执法办案机关在移送案件前依法收集的物证、书证、视听资料、电子数据等证据材料，可以作为治安案件的证据使用。

这次修订增加了本条规定，明确刑事案件、其他行政案件与治安案件的证据衔接规定。

增加本条规定，主要是考虑到在案件定性发生转变之后，之前在办理刑事案件过程中以及其他执法办案机关依法收集的物证、书证、视听资料、电子数据等证据材料，可以作为治安案件的证据使用。

第九十四条 【保密义务】

修订前	修订后
第八十条 公安机关及其人民警察在办理治安案件时，对涉及	**第九十四条** 公安机关及其人民警察在办理治安案件时，对涉

的国家秘密、商业秘密或者个人隐私，应当予以保密。	及的国家秘密、商业秘密、个人隐私或者**个人信息**，应当予以保密。

这次修订对原治安管理处罚法第八十条作了修改完善，增加规定对个人信息应当予以保密。

主要作了以下修改：考虑到个人信息能够识别自然人的身份，个人信息的泄露，会侵犯当事人的合法权利，可能影响个人的正常生活，甚至为其他违法犯罪活动提供契机。本次修法增加规定涉及“个人信息”的，公安机关应当予以保密。

第九十五条 【人民警察的回避】

修订前	修订后
第八十一条 人民警察在办理治安案件过程中，遇有下列情形之一的，应当回避；违反治安管理行为人、被侵害人或者其法定代理人也有权要求他们回避： （一）是本案当事人或者当事人的近亲属的； （二）本人或者其近亲属与本案有利害关系的； （三）与本案当事人有其他关系，可能影响案件公正处理的。 人民警察的回避，由其所属的公安机关决定；公安机关负责人的回避，由上一级公安机关决定。	**第九十五条** 人民警察在办理治安案件过程中，遇有下列情形之一的，应当回避；违反治安管理行为人、被侵害人或者其法定代理人也有权要求他们回避： （一）是本案当事人或者当事人的近亲属的； （二）本人或者其近亲属与本案有利害关系的； （三）与本案当事人有其他关系，可能影响案件公正处理的。 人民警察的回避，由其所属的公安机关决定；公安机关负责人的回避，由上一级公安机关决定。

本条对人民警察在办理治安案件过程中的回避作了规定，这次修订对本条未作修改。

“回避”制度旨在确保案件处理的公正性。人民警察办理治安案件，是与公民的切身利益密切相关的，为了保证人民警察在办理治安案件过程中的公正性、合法性和保证当事人的合法权益不受侵犯，防止人民警察利用职权徇私枉法的行为，规定人民警察在办理治安案件过程中的回避制度是非常必要的。

第九十六条　【传唤与强制传唤】

修订前	修订后
第八十二条　需要传唤违反治安管理行为人接受调查的，经公安机关办案部门负责人批准，使用传唤证传唤。对现场发现的违反治安管理行为人，人民警察经出示工作证件，可以口头传唤，但应当在询问笔录中注明。 公安机关应当将传唤的原因和依据告知被传唤人。对无正当理由不接受传唤或者逃避传唤的人，可以强制传唤。	**第九十六条**　需要传唤违反治安管理行为人接受调查的，经公安机关办案部门负责人批准，使用传唤证传唤。对现场发现的违反治安管理行为人，人民警察经出示**人民警察证**，可以口头传唤，但应当在询问笔录中注明。 公安机关应当将传唤的原因和依据告知被传唤人。对无正当理由不接受传唤或者逃避传唤的人，**经公安机关办案部门负责人批准**，可以强制传唤。

这次修订对原治安管理处罚法第八十二条作了修改完善，将工作证件明确为人民警察证，明确了强制传唤的批准程序。

主要作了以下修改：一是，将第一款“工作证件”修改为“人民警察证”，更为明确具体。二是，在第二款增加“经公安机关办案部门负责人批准”，可以强制传唤的程序。现行法未明确强制传唤的批准主体，导致各方面对于批准主体的理解存在分歧，在修法中根据各方面意见予以明确。

第九十七条 【询问查证时限和通知家属】

修订前	修订后
第八十三条 对违反治安管理行为人，公安机关传唤后应当及时询问查证，询问查证的时间不得超过八小时；情况复杂，依照本法规定可能适用行政拘留处罚的，询问查证的时间不得超过二十四小时。 公安机关应当及时将传唤的原因和处所通知被传唤人家属。	**第九十七条** 对违反治安管理行为人，公安机关传唤后应当及时询问查证，询问查证的时间不得超过八小时；**涉案人数众多、违反治安管理行为人身份不明的，询问查证的时间不得超过十二小时**；情况复杂，依照本法规定可能适用行政拘留处罚的，询问查证的时间不得超过二十四小时。**在执法办案场所询问违反治安管理行为人，应当全程同步录音录像。** 公安机关应当及时将传唤的原因和处所通知被传唤人家属。 **询问查证期间，公安机关应当保证违反治安管理行为人的饮食、必要的休息时间等正当需求。**

这次修订对原治安管理处罚法第八十三条作了修改完善，增加涉案人数众多、违反治安管理行为人身份不明的询问查证规定；增加在执法办案场所询问查证应当全程同步录音录像规定；明确保证行为人的饮食、必要的休息时间等正当需求。

主要作了以下修改：一是，第一款增加规定“涉案人数众多、违反治安管理行为人身份不明的，询问查证的时间不得超过十二小时”。根据实践情况，对此类情形规定了更为明确的询问查证时间，解决实践办案需求，进一步完善了询问查证的时间规定。二是，在第一款增加“在执法办案场所询问违反治安管理行为人，应当全程同步录音录像”。为了进一步推进执法公正，保证公民的合法权利，保证办案程序合法，对执法实践经验进行总结，增设了在执法办案场所询问违反治安管理行为人，应当全程同步录音录像。三是，增加第二款，规定“询问查证期间，公安机关应当保证违反治安管理行为人的饮食、必要的休息时间等正当需求。”针对实践中的问题，本次修改明确增加了这方面的规定，在传唤持续的时间里，办案人员要保证违反治安管理行为人的饮食、必要的休息时间等正当需求。

第九十八条　【制作询问笔录，询问未成年人】

修订前	修订后
第八十四条　询问笔录应当交被询问人核对；对没有阅读能力的，应当向其宣读。记载有遗漏或者差错的，被询问人可以提出补充或者更正。被询问人确认笔录无误后，应当签名或者盖章，询问的人民警察也应当在笔录上签名。 被询问人要求就被询问事项自行提供书面材料的，应当准许；必要时，人民警察也可以要求被询问人自行书写。 询问不满十六周岁的违反治安管理行为人，应当通知其父母或者其他监护人到场。	**第九十八条**　询问笔录应当交被询问人核对；对没有阅读能力的，应当向其宣读。记载有遗漏或者差错的，被询问人可以提出补充或者更正。被询问人确认笔录无误后，应当签名、盖章或者**按指印**，询问的人民警察也应当在笔录上签名。 被询问人要求就被询问事项自行提供书面材料的，应当准许；必要时，人民警察也可以要求被询问人自行书写。 询问不满十八周岁的违反治安管理行为人，应当通知其父母或者其他监护人到场；**其父母或者其他监护人不能到场的，也可以通知其他成年亲属，所在学校、单位、居住地基层组织或者未成年人保护组织的代表等合适成年人到场，并将有关情况记录在案。确实无法通知或者通知后未到场的，应当在笔录中注明。**

这次修订对原治安管理处罚法第八十四条作了修改完善，规定了制作询问笔录和询问不满十八周岁的违反治安管理行为人的有关要求。

主要作了以下修改：一是，将第一款中的“应当签名或者盖章”修改为“应当签名、盖章或者按指印”，增加了可以“按指印”。二是，将第三款中的“十六周岁”修改为“十八周岁”，询问所有不满十八周岁的未成年违反治安管理行为人，都应当通知其父母或者其他监护人到场。三是，在第三款中增加规定“其父母或者其他监护人不能到场的，也可以通知其他成年亲属，所在学校、单位、居住地基层组织或者未成年人保护组织的代表等合适成年人到场，并将有关情况记录在案。确实无法通知或者通知后未到场的，应当在笔录中注明”。

第九十九条　【询问被侵害人和其他证人】

修订前	修订后
第八十五条　人民警察询问被侵害人或者其他证人，可以到其所在单位或者住处进行；必要时，也可以通知其到公安机关提供证言。 人民警察在公安机关以外询问被侵害人或者其他证人，应当出示工作证件。 询问被侵害人或者其他证人，同时适用本法第八十四条的规定。	**第九十九条**　人民警察询问被侵害人或者其他证人，**可以在现场进行，也**可以到其所在单位、住处**或者其提出的地点**进行；必要时，也可以通知其到公安机关提供证言。 人民警察在公安机关以外询问被侵害人或者其他证人，应当出示**人民警察证**。 询问被侵害人或者其他证人，同时适用本法**第九十八条**的规定。

这次修订对原治安管理处罚法第八十五条作了修改完善，本条是关于询问被侵害人和其他证人的程序性规定。

主要作了以下修改：一是，在第一款中增加“可以在现场进行”“或者其提出的地点”，扩大了询问地点的选择范围。二是，将第二款中的“工作证件”明确为“人民警察证”。三是，将第三款中的“第八十四条”修改为“第九十八条”，属于对法律条文序号的文字修改。

第一百条　【代为询问、远程视频询问】

修订前	修订后
本条未作规定。	**第一百条　违反治安管理行为人、被侵害人或者其他证人在异地的，公安机关可以委托异地公安机关代为询问，也可以通过公安机关的视频系统远程询问。** **通过远程视频方式询问的，应当向被询问人宣读询问笔录，被询问人确认笔录无误后，询问的人民警察应当在笔录上注明。询问和宣读过程应当全程同步录音录像。**

这次修订增加了本条规定，明确了公安机关可以委托异地公安机关代为询问，也可以通过远程视频方式询问。

增加本条规定，主要是针对传统的异地询问方式的不足，总结实践有益经验，使得公安机关能够更加及时地与异地相关人员取得联系，进行询问调查。有助于提高执法办案效率，节约办案成本。

第一百零一条　【询问聋哑人和不通晓当地通用的语言文字的人】

修订前	修订后
第八十六条　询问聋哑的违反治安管理行为人、被侵害人或者其他证人，应当有通晓手语的人提供帮助，并在笔录上注明。 询问不通晓当地通用的语言文字的违反治安管理行为人、被侵害人或者其他证人，应当配备翻译人员，并在笔录上注明。	**第一百零一条**　询问聋哑的违反治安管理行为人、被侵害人或者其他证人，应当有通晓手语**等交流方式**的人提供帮助，并在笔录上注明。 询问不通晓当地通用的语言文字的违反治安管理行为人、被侵害人或者其他证人，应当配备翻译人员，并在笔录上注明。

这次修订对原治安管理处罚法第八十六条作了修改完善，将“通晓手语的人”修改为“通晓手语等交流方式的人”，完善了为聋哑的违反治安管理行为人、被侵害人或者其他证人提供沟通交流帮助的人员范围。

语言是人们进行沟通交流、传递信息的重要载体。公安机关办理治安案件，应当注意收集与案件有关的各方面的证据材料等信息，包括听取被侵害人或者其他证人的证言，听取违反治安管理人的陈述和申辩。案件当事人、证人如果因为听觉、表达或者语言文字理解等方面的原因造成沟通障碍，就可能妨碍公安机关正确查明案情。同时，依法参与到案件处理当中的人员，不仅有依法接受询问的义务，也有权了解自己在案件处理中的法律地位、执法人员询问问题的真实含义。对可能造成沟通障碍的人员进行询问，为其提供必要的语言帮助，既可以保证被询问人正确理解应当回答的相关问题，保障公安机关公正、准确查明案情，又可以充分保障相关人员的知情权和自愿陈述的权利。手语沟通是聋哑人对外交流的重要方式，同时，随着科技的发展，一些电子通讯工具如助听器、语言交流板等也在一定程度上帮助聋哑人进行表达和沟通。此外，部分聋哑人识字，还可以通过文字进行交流，表达想法；也有部分聋哑人可能不熟悉手语，通晓手语的人无法为其提供帮助。根据这些情况，对本条作了修改完善，增加了“等交流方式”，使交流方式更加全面，也更符合实际情况。

第一百零二条　【检查和提取、采集生物信息或样本】

修订前	修订后
本条未作规定。	**第一百零二条**　为了查明案件事实，确定违反治安管理行为人、被侵害人的某些特征、伤害情况或者生理状态，需要对其人身进行检查，提取或者采集肖像、指纹信息和血液、尿液等生物样本的，经公安机关办案部门负责人

	批准后进行。对已经提取、采集的信息或者样本，不得重复提取、采集。提取或者采集被侵害人的信息或者样本，应当征得被侵害人或者其监护人同意。

这次修订增加了本条规定，明确了为查明案件事实，可以对违反治安管理行为人、被侵害人进行人身检查，提取、采集生物信息或者样本。

增加本条规定，主要是针对公安机关办理治安案件，查明案件事实过程，有时需要提取相关生物信息或者样本的实际情况，对相关调查行为作出明确规定，以规范和保障执法行为。人身检查是一种重要的身体查验调查措施，对于发现案件线索，及时提取与案件有关的证据具有重要价值。在进行人身检查过程中，提取或者采集肖像、指纹信息和血液、尿液等生物样本，经化验、鉴定，可以确定行为人的某些特征、伤害情况等，并作为证据使用，有利于治安案件查办。这种措施是公安机关开展治安案件调查经常使用的措施手段。同时，考虑到提取、采集上述生物识别信息和样本，涉及到公民的身体权利、隐私和敏感个人信息，必须严格规范，防止侵犯公民合法权利。为此，本条对其适用进行了严格限制。可提取或者采集的范围仅限于为了查明案件事实，确需通过这种方式确定违反治安管理行为人、被侵害人的某些特征、伤害情况或者生理状态的需要。除此之外，不得随意提取或者采集。同时，明确了批准程序及不得重复提取、采集的要求。

第一百零三条　【对有关场所、物品及人身的检查】

修订前	修订后
第八十七条　公安机关对与违反治安管理行为有关的场所、物品、人身可以进行检查。检查时，人民警察不得少于二人，并应当出示工作证件和县级以上人民	**第一百零三条**　公安机关对与违反治安管理行为有关的场所**或者违反治安管理行为人的**人身、物品可以进行检查。检查时，人民警察不得少于二人，并应当出示

政府公安机关开具的检查证明文件。对确有必要立即进行检查的，人民警察经出示工作证件，可以当场检查，但检查公民住所应当出示县级以上人民政府公安机关开具的检查证明文件。 检查妇女的身体，应当由女性工作人员进行。	**人民警察证**。 **对场所进行检查的，经县级以上人民政府公安机关负责人批准，使用检查证检查**；对确有必要立即进行检查的，人民警察经出示**人民警察证**，可以当场检查，**并应当全程同步录音录像**。检查公民住所应当出示县级以上人民政府公安机关开具的检查**证**。 检查妇女的身体，应当由女性工作人员**或者医师**进行。

这次修订对原治安管理处罚法第八十七条作了修改完善，根据实践情况和需要，进一步明确了公安机关对与违反治安管理行为有关的场所或者违反治安管理行为人的人身、物品进行检查的办案程序和要求。

主要作了以下修改：一是考虑到对违反治安管理行为人的人身、物品的检查往往现场性、及时性强，有必要区分对场所的检查和对人身、物品检查的不同情况和需要，将对人身、物品检查的证件要求由原来不加区分，一律出示“工作证件和县级以上人民政府公安机关出具的检查证明文件”修改为出示“人民警察证”，即简化程序，取消了出示检查证的要求。另一方面，根据原有规定，关于对场所进行检查，明确需要出示人民警察证和检查证。同时，考虑到有的案件情况紧迫的实际需要，增加了当场检查的规定。即确有必要立即进行检查时，出示人民警察证。考虑到当场检查是紧急情况下的特殊程序，为防止权力被滥用，出现人民警察随意检查他人场所，导致侵犯他人合法权益的情况，对这种情况下的执法规范性作出严格要求，同时规定当场检查应当全程同步录音录像，以规范实践中出现当场检查的程序。二是将可以检查人身、物品的人员范围由“与违反治安管理行为有关的”修改为“违反治安管理行为人的”，这主要是为了防止检查他人人身、物品的范围过于宽泛，导致侵犯他人合法权益事件发生。三是根据实践情况和需要，将检查妇女身体的主体，由“女性工作人员”修改为“女性工作人员或者医师”，增加了医师作为检查妇女身体的主体。

第一百零四条 【检查笔录的制作】

修订前	修订后
第八十八条 检查的情况应当制作检查笔录，由检查人、被检查人和见证人签名或者盖章；被检查人拒绝签名的，人民警察应当在笔录上注明。	**第一百零四条** 检查的情况应当制作检查笔录，由检查人、被检查人和见证人签名、盖章**或者按指印；被检查人不在场或者**被检查人、**见证人**拒绝签名的，人民警察应当在笔录上注明。

这次修订对原治安管理处罚法第八十八条作了修改完善，根据执法实践情况，补充完善了检查笔录制作要求方面的规定。

主要作了以下修改：一是补充规定检查笔录可由检查人、被检查人和见证人按指印。这主要是考虑实践中存在有的检查人、被检查人、见证人不会签名，没有印章，需要通过按指印的方式替代的情况。检查笔录用以客观记述检查活动，防止伪造检查结果，以保证正确处理案件。检查笔录签名后才发生法律效力，没有签名、盖章或者按指印的检查笔录，不具有证明作用。二是将人民警察应当在笔录上注明的情形由“被检查人拒绝签名”修改为“被检查人不在场或者被检查人、见证人拒绝签名”，根据实践情况补充规定了被检查人不在场、见证人拒绝签名两种情形。在实践中，并不是每个案件都具备被检查人在检查笔录上签名、盖章或者按指印的条件，有的被检查人已经潜逃，无法通知到场，自然也无法在检查笔录上签名、盖章或者按指印，有的被检查人经通知后因各种原因未到场。本条对这种情况下如何制作检查笔录作出明确规定。另外，实践中也存在见证人拒绝签名的情况，见证人虽见证了检查的全程，可能因不认可检查事项、笔录记述、怕承担责任等事由拒绝签名。对于这类情况，人民警察就可以在笔录上注明见证人拒绝签名、盖章或者按指印的情况。这种情况下，不影响检查笔录的效力。

第一百零五条 【对物品的扣押】

修订前	修订后
第八十九条 公安机关办理治安案件，对与案件有关的需要作为证据的物品，可以扣押；对被侵害人或者善意第三人合法占有的财产，不得扣押，应当予以登记。对与案件无关的物品，不得扣押。 对扣押的物品，应当会同在场见证人和被扣押物品持有人查点清楚，当场开列清单一式二份，由调查人员、见证人和持有人签名或者盖章，一份交给持有人，另一份附卷备查。 对扣押的物品，应当妥善保管，不得挪作他用；对不宜长期保存的物品，按照有关规定处理。经查明与案件无关的，应当及时退还；经核实属于他人合法财产的，应当登记后立即退还；满六个月无人对该财产主张权利或者无法查清权利人的，应当公开拍卖或者按照国家有关规定处理，所得款项上缴国库。	**第一百零五条** 公安机关办理治安案件，对与案件有关的需要作为证据的物品，可以扣押；对被侵害人或者善意第三人合法占有的财产，不得扣押，应当予以登记，**但是对其中与案件有关的必须鉴定的物品，可以扣押，鉴定后应当立即解除**。对与案件无关的物品，不得扣押。 对扣押的物品，应当会同在场见证人和被扣押物品持有人查点清楚，当场开列清单一式二份，由调查人员、见证人和持有人签名或者盖章，一份交给持有人，另一份附卷备查。 **实施扣押前应当报经公安机关负责人批准；因情况紧急或者物品价值不大，当场实施扣押的，人民警察应当及时向其所属公安机关负责人报告，并补办批准手续。公安机关负责人认为不应当扣押的，应当立即解除。当场实施扣押的，应当全程同步录音录像。** 对扣押的物品，应当妥善保管，不得挪作他用；对不宜长期保存的物品，按照有关规定处理。经查明与案件无关**或者**经核实属于**被侵害人或者**他人合法财产的，应当登记后立即退还；满六个月无

	人对该财产主张权利或者无法查清权利人的，应当公开拍卖或者按照国家有关规定处理，所得款项上缴国库。

这次修订对原治安管理处罚法第八十九条作了修改完善，根据执法实践情况和需要，补充完善了公安机关扣押物品程序要求方面的规定。

主要作了以下修改：一是进一步完善鉴定扣押的要求，明确对被侵害人或者善意第三人合法占有的财产中，与案件有关的必须鉴定的物品，可以扣押，但又规定鉴定后应当立即解除。这是基于对有关物品进行鉴定，以查明案情的实践需要。二是为提高办案效率，解决紧急情况下的扣押问题，参照行政强制法的规定，规定了当场扣押的程序。对与案件有关的物品的扣押，一般应当在实施扣押前报公安机关负责人批准，但因情况紧急或者物品价值不大，当场实施扣押的，可以在事后及时报告并补办批准手续。同时又规定，公安机关负责人认为不应当扣押的，应当立即解除；当场实施扣押的，应当全程同步录音录像。三是对应当登记后立即退还的物品范围作了调整，将“属于他人合法财产”修改为“属于被侵害人或者他人合法财产”，以明确对被侵害人的合法财产，应当登记后立即退还。

第一百零六条【鉴定】

修订前	修订后
第九十条　为了查明案情，需要解决案件中有争议的专门性问题的，应当指派或者聘请具有专门知识的人员进行鉴定；鉴定人鉴定后，应当写出鉴定意见，并且签名。	**第一百零六条**　为了查明案情，需要解决案件中有争议的专门性问题的，应当指派或者聘请具有专门知识的人员进行鉴定；鉴定人鉴定后，应当写出鉴定意见，并且签名。

本条是关于鉴定的规定，这次修订对本条未作修改。

本条对鉴定和鉴定意见作了规范性要求。鉴定是公安机关在查处治安管理案件时为了解决案件的专门性问题，指派或者聘请具有专门知识的人进行鉴别和判断，并提供专门性意见的活动。鉴定对查明事实真相，正确处理治安案件，维护社会治安，保护公民权利具有重要作用。鉴定意见是否科学准确，直接关系到能否正确认定案件事实，尤其涉及到专门性问题的时候，充分运用相关科学技术进行鉴定，可以获得其他证据无法取代的效果。鉴定必须严格依照法律规定进行。本条对鉴定人的要求、鉴定意见的出具作了明确规定。鉴定意见应当由鉴定人签名，签名后鉴定意见发生法律效力。

第一百零七条　【辨认】

修订前	修订后
本条未作规定。	**第一百零七条**　为了查明案情，人民警察可以让违反治安管理行为人、被侵害人和其他证人对与违反治安管理行为有关的场所、物品进行辨认，也可以让被侵害人、其他证人对违反治安管理行为人进行辨认，或者让违反治安管理行为人对其他违反治安管理行为人进行辨认。 辨认应当制作辨认笔录，由人民警察和辨认人签名、盖章或者按指印。

这次修订增加了本条规定，明确了辨认的主体、范围和程序要求。

增加本条规定，主要是考虑到实践中，公安机关为了查明案件真实情况，常常需要让违反治安管理行为人、被侵害人或者其他证人对与违反治安管理行为有关的场所、物品或者违反治安管理行为人等进行辨别确认。辨认情况经过审查核实，可以有效印证其他证据，从而查明案件的真实情况。公安机关办理行政案件程序规定第七章第六节对辨认制度及其具体操作规则作了规定。辨认制度有助于确认违反治安管理行为人身份，识别涉案物品或场所，查明案件事实，为公安机关作出治安管理处罚决定提供证据。为了给辨认制度提供法律上的依据，并进一步规范辨认制度，保证了辨认结果客观、准确，本条对辨认制度的适用及其程序要求作了规定。

第一百零八条　【两人执法、一人执法及录音录像】

修订前	修订后
本条未作规定。	**第一百零八条　公安机关进行询问、辨认、勘验，实施行政强制措施等调查取证工作时，人民警察不得少于二人。** **公安机关在规范设置、严格管理的执法办案场所进行询问、扣押、辨认的，或者进行调解的，可以由一名人民警察进行。** **依照前款规定由一名人民警察进行询问、扣押、辨认、调解的，应当全程同步录音录像。未按规定全程同步录音录像或者录音录像资料损毁、丢失的，相关证据不能作为处罚的根据。**

这次修订增加了本条规定，明确了对公安机关开展调查取证、调解等执法工作的具体要求。

增加本条规定，主要规定了以下两个方面的内容：一是，明确公安机关开展调查取证工作，人民警察不得少于二人。行政处罚法第四十二条对行政处罚应当由两名以上具有行政执法资格的执法人员实施作了规定。根据该规定，公安机关开展治安管理案件调查取证工作时，应当由两名以上执法人员进行。本条结合治安管理处罚案件调查取证的特点，对此进一步予以明确。二是，近年来，公安机关执法规范化建设持续推进，社会治安智能化管理水平大大提升。公安机关设置的供执法办案部门共同使用的执法办案中心，以及在公安机关内设机构和派出所设置的专门办案区域，在保障办案规范化方面有了很大提升。从实践的情况看，管理运行比较好的执法办案中心，都制定有严格的管理规范，配备专门民警、辅警和巡查人员，且均配备了录音录像及视频监控设备。在执法办案中心或专门办案区域开展询问、扣押、辨认、调解等活动，依靠同步录音录像设备的支持，允许由一名人民警察带其他相关人员进行，可以在较大程度上缓解案多警少的压力，及时有效化解社会治安矛盾纠纷。同时，考虑到一人执法的局限性，为确保程序公正，本条将可由一名人民警察执法的情形限定在询问、扣押、辨认、调解，并将场所限定在“规范设置、严格管理”的执法办案场所，并明确要求由一名人民警察开展有关工作的，应当全程同步录音录像。本法第一百三十七条对公安机关履行同步录音录像运行安全管理职责，完善技术措施，定期维护设施设备，保障录音录像设备运行连续、稳定、安全作了规定。在此基础上，本条进一步明确，未按规定全程同步录音录像或者录音录像资料损毁、丢失的，相关证据不能作为处罚的根据。

第二节 决　　定

第一百零九条　【治安管理处罚的决定机关】

修订前	修订后
第九十一条　治安管理处罚由县级以上人民政府公安机关决定；其中警告、五百元以下的罚款可以由公安派出所决定。	**第一百零九条**　治安管理处罚由县级以上**地方**人民政府公安机关决定；其中警告、**一千**元以下的罚款，可以由公安派出所决定。

这次修订对原治安管理处罚法第九十一条作了修改完善，对治安管理处罚的决定主体以及公安派出所的决定权限进行了调整和进一步的明确。

主要作了以下修改：一是将治安管理处罚的决定机关由“县级以上人民政府公安机关”修改为“县级以上地方人民政府公安机关”。现行治安管理处罚法规定的治安处罚决定主体，包括各级公安机关，上至公安部，下至派出所。有关部门提出，治安管理处罚法施行后，省级以上公安机关并未直接办理过治安案件，且多年的实践表明，由基层公安机关办理治安案件，更有利于高效处理案件，及时维护当事人合法权益，有效解决纠纷。因此，根据有关部门建议，将“县级以上人民政府公安机关”修改为“县级以上地方人民政府公安机关”。二是将可以由公安派出所决定的罚款范围由“五百元以下”修改为“一千元以下”。这主要是考虑到本次修订治安管理处罚法对现行法罚款幅度统一作了修改，提高了罚款的数额。这样，由公安派出所决定的罚款范围也有必要相应地作调整。本次修订治安管理处罚法，罚款幅度的调整是考虑到治安管理处罚法施行已有近二十年，随着经济、社会的发展，提高违反治安管理行为的罚款数额，有利于加强罚款处罚的惩戒作用。这次修法对治安管理处罚数额的调整按照适度提高的原则，一般是将原治安管理处罚由二百元修改为五百元，五百元修改为一千元，一千元修改为二千元或者三千元，二千元修改为三千元或者五千元，三千元修改为五千元，五千元的未修改。此外，也有一部分修改是根据治安管理的实践情况，提高罚款的幅度相对高一些。总体上看，由于治安管理处罚的罚款普遍有所提高，授权公安派出所可以决定罚款处罚的范围也相应进行了提高。

第一百一十条　【行政拘留的折抵】

修订前	修订后
第九十二条　对决定给予行政拘留处罚的人，在处罚前已经采取强制措施限制人身自由的时间，应当折抵。限制人身自由一日，折抵行政拘留一日。	**第一百一十条**　对决定给予行政拘留处罚的人，在处罚前已经采取强制措施限制人身自由的时间，应当折抵。限制人身自由一日，折抵行政拘留一日。

本条是关于采取强制措施限制人身自由的时间折抵行政拘留时间的规定，这次修订对本条未作修改。

在治安管理处罚中，一个人不能因为同一违法行为而受到重复处罚。拘留是限制被决定拘留的人一定时间人身自由的处罚，如果基于同一违法行为，行为人在被决定拘留前已经被采取了强制措施限制人身自由，应当将其被限制人身自由的时间从拘留期限中予以扣减，具体应当根据本条规定进行折抵。规定予以折抵，一是体现公平公正；二是符合强制措施与拘留处罚不同功能和性质定位；三是避免因简单相加导致实际执行的剥夺行为人人身自由的期限超过应有严厉程度，违反过罚相当原则。如根据本条规定，行为人先因涉嫌犯罪被采取刑事强制措施中的拘留、逮捕等措施，后发现情节轻微尚不构成犯罪，依照本法给予拘留处罚的，就应当将此前限制人身自由的天数与拘留天数进行折抵。采取强制措施时限制人身自由一日的，折抵行政拘留一日，这也体现了公正、理性、权利保障的原则和精神。

第一百一十一条 【本人陈述的证据地位】

修订前	修订后
第九十三条 公安机关查处治安案件，对没有本人陈述，但其他证据能够证明案件事实的，可以作出治安管理处罚决定。但是，只有本人陈述，没有其他证据证明的，不能作出治安管理处罚决定。	**第一百一十一条** 公安机关查处治安案件，对没有本人陈述，但其他证据能够证明案件事实的，可以作出治安管理处罚决定。但是，只有本人陈述，没有其他证据证明的，不能作出治安管理处罚决定。

本条是关于违反治安管理行为人的陈述的证据作用，即本人陈述与其他证据的关系的规定，这次修订对本条未作修改。

本条规定主要是明确了没有本人陈述，有其他证据证明案件事实的，可以作出治安管理处罚决定，但只有本人陈述，没有其他证据的，不能作出治安管理处罚决定。行政处罚法明确规定，行政机关必须查明事实；违法事实不清、证据不足的，不得给予行政处罚。行政诉讼法也明确规定，作为被告的行政机关对作出的行政行为负有举证责任。本人陈述只是证据的一种，且具有自身的特点和局限性，认定事实必须还要有其他证据加以佐证。本条这样规定，主要强调了公安机关办案应当全面搜集证据，不能依赖本人陈述。我国刑事诉讼法对于刑事案件的办理，一直有重证据，不轻信口供的要求，也有关于公诉案件中被告人有罪的举证责任由人民检察院承担；只有被告人供述，没有其他证据的，不能认定被告人有罪和处以刑罚；没有被告人供述，证据确实、充分的，可以认定被告人有罪和处以刑罚的规定。因此，治安管理处罚法针对的虽然是尚不构成犯罪的治安违法行为，公安机关在执法时也应当遵循相关规定精神，查处治安案件，重视全面搜集证据，而不仅仅是本人陈述。这一规定对人民警察办理治安案件提出要求，即要根据证据认定案件事实。这样规定也有利于防止人民警察粗暴执法甚至逼取口供，进一步规范公安机关和人民警察的执法活动，养成良好的执法意识和素养，提高执法能力和办案水平。同时，也有利于根据案件证据情况，实事求是处理案件，有效防止出现错案，防止对公民的人身、财产等合法权利造成侵害。

第一百一十二条　【告知义务、陈述与申辩权】

修订前	修订后
第九十四条　公安机关作出治安管理处罚决定前，应当告知违反治安管理行为人作出治安管理处罚的事实、理由及依据，并告知违反治安管理行为人依法享有的权利。 违反治安管理行为人有权陈述和申辩。公安机关必须充分听取违反治安管理行为人的意见，对违反治安管理行为人提出的事实、理由和证据，应当进行复核；	**第一百一十二条**　公安机关作出治安管理处罚决定前，应当告知违反治安管理行为人**拟**作出治安管理处罚的**内容**及事实、理由、依据，并告知违反治安管理行为人依法享有的权利。 违反治安管理行为人有权陈述和申辩。公安机关必须充分听取违反治安管理行为人的意见，对违反治安管理行为人提出的事实、理由和证据，应当进行复核；

违反治安管理行为人提出的事实、理由或者证据成立的，公安机关应当采纳。 公安机关不得因违反治安管理行为人的陈述、申辩而加重处罚。	违反治安管理行为人提出的事实、理由或者证据成立的，公安机关应当采纳。 **违反治安管理行为人不满十八周岁的，还应当依照前两款的规定告知未成年人的父母或者其他监护人，充分听取其意见。** 公安机关不得因违反治安管理行为人的陈述、申辩而加重**其**处罚。

这次修订对原治安管理处罚法第九十四条作了修改完善，增加了公安机关作出治安管理处罚决定前应当告知违反治安管理行为人的内容事项，并增加公安机关对违反治安管理行为的未成年人告知义务的特殊规定。

主要作了以下修改：一是，将第一款“应当告知违反治安管理行为人作出治安管理处罚的事实、理由及依据”修改为“应当告知违反治安管理行为人拟作出治安管理处罚的内容及事实、理由、依据”。这样修改是为了保障违反治安管理行为人全面知晓拟作出治安管理处罚的内容及事实、理由、依据，保障其获悉即将接受处罚的内容及性质，同时也与行政处罚法规定保持一致。二是，增加一款“违反治安管理行为人不满十八周岁的，还应当依照前两款的规定告知未成年人的父母或者其他监护人，充分听取其意见”。体现了“教育与处罚相结合”的执法理念及对未成年人特殊保护需求的精细化考量。三是，将第四款“加重处罚”修改为“加重其处罚”。进一步明确不得因违反治安管理行为人的陈述、申辩而给予其更重的处罚，也与行政处罚法相衔接。

第一百一十三条　【治安案件调查结束后的处理】

修订前	修订后
第九十五条　治安案件调查结束后，公安机关应当根据不同情	**第一百一十三条**　治安案件调查结束后，公安机关应当根据不

况，分别作出以下处理： （一）确有依法应当给予治安管理处罚的违法行为的，根据情节轻重及具体情况，作出处罚决定； （二）依法不予处罚的，或者违法事实不能成立的，作出不予处罚决定； （三）违法行为已涉嫌犯罪的，移送主管机关依法追究刑事责任； （四）发现违反治安管理行为人有其他违法行为的，在对违反治安管理行为作出处罚决定的同时，通知有关行政主管部门处理。	同情况，分别作出以下处理： （一）确有依法应当给予治安管理处罚的违法行为的，根据情节轻重及具体情况，作出处罚决定； （二）依法不予处罚的，或者违法事实不能成立的，作出不予处罚决定； （三）违法行为已涉嫌犯罪的，移送**有关**主管机关依法追究刑事责任； （四）发现违反治安管理行为人有其他违法行为的，在对违反治安管理行为作出处罚决定的同时，通知**或者移送**有关主管**机关**处理。 **对情节复杂或者重大违法行为给予治安管理处罚，公安机关负责人应当集体讨论决定。**

这次修订对原治安管理处罚法第九十五条作了修改完善，增加了对于情节复杂或者重大违法行为给予治安管理处罚需集体讨论决定的程序规定。

主要作了以下修改：一是将第一款中第四项“通知有关行政主管部门处理”修改为“通知或者移送有关主管机关处理”，修改扩大了处理违反治安管理行为人其他违法行为的途径，不仅局限于通知有关行政主管部门，还增加了移送有关机关处理的方式，使执法过程中对于案件的处理更加灵活和全面，能够根据具体情况将案件移送至更合适的机关进行处理，提高执法效率和准确性。此外，还作了一处文字修改，将第一款第三项中“移送主管机关依法追究刑事责任”修改为“移送有关主管机关依法追究刑事责任”。二是增加一款作为第二款“对情节复杂或者重大违法行为给予治安管理处罚，公安机关负责人应当集体讨论决定。”增加本款规定主要是考虑到情节复杂或重大违法行为往往涉及众多因素与复杂情况，对此类案件的处理需要持极为慎重的态度，有必要通过集体讨论作出决定。

第一百一十四条 【法制审核】

修订前	修订后
本条未作规定。	第一百一十四条　有下列情形之一的，在公安机关作出治安管理处罚决定之前，应当由从事治安管理处罚决定法制审核的人员进行法制审核；未经法制审核或者审核未通过的，不得作出决定： （一）涉及重大公共利益的； （二）直接关系当事人或者第三人重大权益，经过听证程序的； （三）案件情况疑难复杂、涉及多个法律关系的。 公安机关中初次从事治安管理处罚决定法制审核的人员，应当通过国家统一法律职业资格考试取得法律职业资格。

这次修订增加了本条规定，明确了作出治安管理处罚决定前的法制审核要求。增加本条规定，主要是由于法制审核是行政处罚的重要程序性制度，有利于保障行政处罚决定的合法公正。本次修改进一步明确了法制审核的适用情形，包括涉及重大公共利益的；直接关系当事人或者第三人重大权益，经过听证程序的；案件情况疑难复杂、涉及多个法律关系的情形。此外，修改中还明确了初次从事法制审核人员的资质要求。通过法制审核程序的科学设置，可以保障处罚决定的合法性和公正性，能够让公众看到法律的公平正义得到彰显，增强公众对公安机关执法工作的认可和支持。

第一百一十五条 【处罚决定书的内容】

修订前	修订后
第九十六条 公安机关作出治安管理处罚决定的，应当制作治安管理处罚决定书。决定书应当载明下列内容： （一）被处罚人的姓名、性别、年龄、身份证件的名称和号码、住址； （二）违法事实和证据； （三）处罚的种类和依据； （四）处罚的执行方式和期限； （五）对处罚决定不服，申请行政复议、提起行政诉讼的途径和期限； （六）作出处罚决定的公安机关的名称和作出决定的日期。 决定书应当由作出处罚决定的公安机关加盖印章。	**第一百一十五条** 公安机关作出治安管理处罚决定的，应当制作治安管理处罚决定书。决定书应当载明下列内容： （一）被处罚人的姓名、性别、年龄、身份证件的名称和号码、住址； （二）违法事实和证据； （三）处罚的种类和依据； （四）处罚的执行方式和期限； （五）对处罚决定不服，申请行政复议、提起行政诉讼的途径和期限； （六）作出处罚决定的公安机关的名称和作出决定的日期。 决定书应当由作出处罚决定的公安机关加盖印章。

本条是关于治安管理处罚决定书的内容规定，这次修订对本条未作修改。

本条规定严格规范公安机关作出治安管理处罚决定书的要求，具有重要的现实意义。治安管理处罚决定书是公安机关行使治安管理处罚权的法定表现形式，以书面形式明确处罚决定所需要载明的有关事项以及加盖公安机关印章的制式要求，有利于保证处罚过程有据可依、有章可循，避免处罚的随意性。在具体实施处罚时，公安部门应当形成规范的、统一的决定书文书格式，载明法律规定的内容，做到清楚、规范、有理、有据。

第一百一十六条 【处罚决定书的宣告、通知和送达】

修订前	修订后
第九十七条 公安机关应当向被处罚人宣告治安管理处罚决定书，并当场交付被处罚人；无法当场向被处罚人宣告的，应当在二日内送达被处罚人。决定给予行政拘留处罚的，应当及时通知被处罚人的家属。 有被侵害人的，公安机关应当将决定书副本抄送被侵害人。	**第一百一十六条** 公安机关应当向被处罚人宣告治安管理处罚决定书，并当场交付被处罚人；无法当场向被处罚人宣告的，应当在二日**以**内送达被处罚人。决定给予行政拘留处罚的，应当及时通知被处罚人的家属。 有被侵害人的，公安机关应当将决定书**送达**被侵害人。

这次修订对原治安管理处罚法第九十七条作了修改完善，明确了公安机关将决定书送达被侵害人的要求。

主要作了以下修改：一是将第一款“二日内送达被处罚人”修改为“二日以内送达被处罚人”。二是将第二款“公安机关应当将决定书副本抄送被侵害人”修改为“公安机关应当将决定书送达被侵害人”。原规定中的“抄送”，意味着被侵害人只是收到决定书的副本，而“送达”一词则明确了公安机关有责任采取合法、有效的方式，确保给被侵害人送达决定书，且知晓决定书的内容及自身所拥有的相关权利，以保障送达的有效性和合法性。这种明确的规定使得被侵害人能更好地参与到案件处理后续环节中，充分维护自身合法权益，同时也增强了公安机关执法的规范性和严谨性，保障整个案件处理流程在法治轨道上运行，提升执法公信力。

第一百一十七条 【听证】

修订前	修订后
第九十八条 公安机关作出吊销许可证以及处二千元以上罚款的治安管理处罚决定前，应当告	**第一百一十七条** 公安机关作出吊销许可证**件**、处**四**千元以上罚款的治安管理处罚决定**或者采**

知违反治安管理行为人有权要求举行听证；违反治安管理行为人要求听证的，公安机关应当及时依法举行听证。	**取责令停业整顿措施**前，应当告知违反治安管理行为人有权要求举行听证；违反治安管理行为人要求听证的，公安机关应当及时依法举行听证。 **对依照本法第二十三条第二款规定可能执行行政拘留的未成年人，公安机关应当告知未成年人和其监护人有权要求举行听证；未成年人和其监护人要求听证的，公安机关应当及时依法举行听证。对未成年人案件的听证不公开举行。** **前两款规定以外的案情复杂或者具有重大社会影响的案件，违反治安管理行为人要求听证，公安机关认为必要的，应当及时依法举行听证。** **公安机关不得因违反治安管理行为人要求听证而加重其处罚。**

这次修订对原治安管理处罚法第九十八条作了修改完善，扩大了适用治安管理处罚听证的案件范围。

主要作了以下修改：一是将第一款“处二千元以上罚款的治安管理处罚决定前”修改为“处四千元以上罚款的治安管理处罚决定或者采取责令停业整顿措施前”。提高了违反治安管理行为人被罚款后有权要求举行听证的罚款金额起点，同时新增了“采取责令停业整顿措施前”作为可以申请听证的情形。二是增加第二款“对依照本法第二十三条第二款规定可能执行行政拘留的未成年人，公安机关应当告知未成年人和其监护人有权要求举行听证；未成年人和其监护人要求听证的，公安机关应当及时依法举行听证。对未成年人案件的听证不公开举行。”针对未成年人主体的特殊程序设计，旨在确保未成年人在治安管理处罚行为中的合法权益不受侵害，避免因年龄因素导致权利行使障碍。三是增加第三款“前两款规定以外的案情复杂或者具有重大社会影响的案件，违反治安管理行为人要求听证，公安机关认为必要的，应当及时依法举行听证。”针对案情复杂或者具有重大社会影响的案件听证的特殊程序规定。四是增加第四款“公安机关不得因违反治安管理行为人要求听证而加重其处罚。”与刑事诉讼法的“上诉不加刑原则”一样，是为了防止公安机关因为违反治安管理行为人要求听证而加重其处罚，打消其思想顾虑，保障违反治安管理行为人真正充分行使自己的听证权。

第一百一十八条 【办案期限】

修订前	修订后
第九十九条 公安机关办理治安案件的期限，自受理之日起不得超过三十日；案情重大、复杂的，经上一级公安机关批准，可以延长三十日。 为了查明案情进行鉴定的期间，不计入办理治安案件的期限。	**第一百一十八条** 公安机关办理治安案件的期限，自**立案**之日起不得超过三十日；案情重大、复杂的，经上一级公安机关批准，可以延长三十日。**期限延长以二次为限。公安派出所办理的案件需要延长期限的，由所属公安机关批准。** 为了查明案情进行鉴定的期间、**听证的期间**，不计入办理治安案件的期限。

这次修订对原治安管理处罚法第九十九条作了修改完善，对办理治安案件的期限进行了细化规定。

主要作了以下修改：一是将第一款“自受理之日起不得超过三十日”修改为“自立案之日起不得超过三十日”。这样修改主要是考虑明确立案作为办案程序的起点，解决实践中因受理与立案时间差导致的期限争议问题，确保执法标准统一。二是第一款增加规定“期限延长以二次为限。公安派出所办理的案件需要延长期限的，由所属公安机关批准。”这样规定是为了明确公安派出所延长办案期限的审批程序及次数限制，对延长办案期限进行了严格限制。三是第二款将“为了查明案情进行鉴定的期间，不计入办理治安案件的期限”修改为“为了查明案情进行鉴定的期间、听证的期间，不计入办理治安案件的期限”。明确听证期间排除在办案期限外，既符合程序正义原则，也与行政处罚法中“保障当事人合法权益”的立法精神相符合。

第一百一十九条 【当场处罚】

修订前	修订后
第一百条 违反治安管理行为事实清楚，证据确凿，处警告或者二百元以下罚款的，可以当场作出治安管理处罚决定。	**第一百一十九条** 违反治安管理行为事实清楚，证据确凿，处警告或者**五**百元以下罚款的，可以当场作出治安管理处罚决定。

这次修订对原治安管理处罚法第一百条作了修改完善，适当提高了适用当场处罚的罚款数额。

主要作了以下修改：将“二百元以下罚款的，可以当场作出治安管理处罚决定”修改为“五百元以下罚款的，可以当场作出治安管理处罚决定”。这样修改是因为随着经济社会发展水平的提高，二百元罚款对部分违法行为的威慑力逐渐减弱，提高罚款上限可增强处罚的实际效果，同时也一定程度上优化了基层执法权限，与本法第三章规定的一般情节的违法行为处罚标准进行衔接，提升基层执法的灵活性。

第一百二十条 【当场处罚的程序】

修订前	修订后
第一百零一条 当场作出治安管理处罚决定的，人民警察应当向违反治安管理行为人出示工作证件，并填写处罚决定书。处罚决定书应当当场交付被处罚人；有被侵害人的，并将决定书副本抄送被侵害人。	**第一百二十条** 当场作出治安管理处罚决定的，人民警察应当向违反治安管理行为人出示**人民警察证**，并填写处罚决定书。处罚决定书应当当场交付被处罚人；有被侵害人的，并**应当**将决定书**送达**被侵害人。

前款规定的处罚决定书，应当载明被处罚人的姓名、违法行为、处罚依据、罚款数额、时间、地点以及公安机关名称，并由经办的人民警察签名或者盖章。 当场作出治安管理处罚决定的，经办的人民警察应当在二十四小时内报所属公安机关备案。	前款规定的处罚决定书，应当载明被处罚人的姓名、违法行为、处罚依据、罚款数额、时间、地点以及公安机关名称，并由经办的人民警察签名或者盖章。 **适用当场处罚，被处罚人对拟作出治安管理处罚的内容及事实、理由、依据没有异议的，可以由一名人民警察作出治安管理处罚决定，并应当全程同步录音录像。** 当场作出治安管理处罚决定的，经办的人民警察应当在二十四小时**以**内报所属公安机关备案。

这次修订对原治安管理处罚法第一百零一条作了修改完善，完善了当场作出治安管理处罚决定的程序规定。

主要作了以下修改：一是第一款将“工作证件”修改为“人民警察证”，人民警察证是公安机关人民警察身份和依法执行职务的凭证和标志，将“工作证件”修改为“人民警察证”一方面可以对执法证件规定更加明确细致，与执法实际保持一致，同时也进一步强化了执法规范性。将“并将决定书副本抄送被侵害人”修改为“并应当将决定书送达被侵害人”，公安机关作出处罚决定后，在有被侵害人的案件中，应当同时将处罚决定书送达被侵害人，而非仅作副本抄送，送达行为有助于充分保障被侵害人的知情权。二是增加一款作为第三款，“适用当场处罚，被处罚人对拟作出治安管理处罚的内容及事实、理由、依据没有异议的，可以由一名人民警察作出治安管理处罚决定，并应当全程同步录音录像”。这样修改既简化了适用当场处罚的处置流程，提高了办案效率，又通过技术手段确保了执法的透明公正。同时还作出了一处文字修改，第四款将“应当在二十四小时内报所属公安机关备案”修改为“应当在二十四小时以内报所属公安机关备案”。

第一百二十一条 【行政复议和行政诉讼】

修订前	修订后
第一百零二条 被处罚人对治安管理处罚决定不服的，可以依法申请行政复议或者提起行政诉讼。	**第一百二十一条** 被处罚人、**被侵害人**对**公安机关依照本法规定作出的**治安管理处罚决定，**作出的收缴、追缴决定，或者采取的有关限制性、禁止性措施等**不服的，可以依法申请行政复议或者提起行政诉讼。

这次修订对原治安管理处罚法第一百零二条作了修改完善，完善了可以依法申请行政复议或者提起行政诉讼的范围。

主要作了以下修改：一是将“被处罚人”修改为“被处罚人、被侵害人”。增加了被侵害人作为申请权利救济的主体。二是增加对“作出的收缴、追缴决定，或者采取的有关限制性、禁止性措施等不服的”也可以依法申请行政复议或者提起行政诉讼，扩大了可以依法申请行政复议或者提起行政诉讼的情形。本条通过与行政复议与诉讼程序的有效衔接，旨在保障行政效率的同时防止权力滥用，最终实现公共利益与个体权益的动态平衡。

第三节 执　　行

第一百二十二条 【行政拘留处罚的执行】

修订前	修订后
第一百零三条 对被决定给予行政拘留处罚的人，由作出决定的公安机关送达拘留所执行。	**第一百二十二条** 对被决定给予行政拘留处罚的人，由作出决定的公安机关送拘留所执行；**执行期满，拘留所应当按时解除拘留，发给解除拘留证明书。**

	被决定给予行政拘留处罚的人在异地被抓获或者有其他有必要在异地拘留所执行情形的，经异地拘留所主管公安机关批准，可以在异地执行。

这次修订对原治安管理处罚法第一百零三条作了修改完善，完善了行政拘留处罚的执行程序。

主要作了以下修改：一是将“由作出决定的公安机关送达拘留所执行”修改为“由作出决定的公安机关送拘留所执行”，避免了“送达”可能引发的文书传递与实际执行的混淆，直接地强调公安机关必须完成将被拘留人送交拘留所的行为，而非仅完成文书送达。二是第一款增加“执行期满，拘留所应当按时解除拘留，发给解除拘留证明书”，明确了执行拘留期满后的证明文件要求。三是增加一款“被决定给予行政拘留处罚的人在异地被抓获或者有其他有必要在异地拘留所执行情形的，经异地拘留所主管公安机关批准，可以在异地执行。”这样修改是考虑到实践中执法的需要以及异地执法的便利性，明确异地执行拘留的适用情形及拘留的审批程序，提升依法行政水平，也保障了被执行异地拘留处罚人的合法权益。

第一百二十三条　【罚款处罚的执行】

修订前	修订后
第一百零四条　受到罚款处罚的人应当自收到处罚决定书之日起十五日内，到指定的银行缴纳罚款。但是，有下列情形之一的，人民警察可以当场收缴罚款： （一）被处五十元以下罚款，被处罚人对罚款无异议的； （二）在边远、水上、交通不便地区，公安机关及其人民警察依	**第一百二十三条**　受到罚款处罚的人应当自收到处罚决定书之日起十五日**以**内，到指定的银行**或者通过电子支付系统**缴纳罚款。但是，有下列情形之一的，人民警察可以当场收缴罚款： （一）被处**二百**元以下罚款，被处罚人对罚款无异议的； （二）在边远、水上、交通不

照本法的规定作出罚款决定后，被处罚人向指定的银行缴纳罚款确有困难，经被处罚人提出的； （三）被处罚人在当地没有固定住所，不当场收缴事后难以执行的。	便地区，**旅客列车上或者口岸，**公安机关及其人民警察依照本法的规定作出罚款决定后，被处罚人**到**指定的银行**或者通过电子支付系统**缴纳罚款确有困难，经被处罚人提出的； （三）被处罚人在当地没有固定住所，不当场收缴事后难以执行的。

这次修订对原治安管理处罚法第一百零四条作了修改完善，增加“通过电子支付系统”缴纳罚款，适当提高可以当场收缴罚款的数额、增加可以当场收缴罚款的情形。

主要作了以下修改：一是作文字修改，将“十五日内”修改为“十五日以内”。二是缴纳罚款的方式增加“通过电子支付系统”，以适应信息社会的要求，方便当事人，确认在实践中大量使用这一支付方式的合法性。三是将第一项可以当场收缴罚款的数额从“五十元以下”提高到“二百元以下”。本次治安管理处罚法修订根据社会经济发展和人均收入提升情况，适度提高了对违法行为的罚款数额，同时适当提高可以当场收缴罚款的数额，也符合实际执法需要，方便当事人。四是考虑到旅客出行，停留时间较短不方便缴纳罚款的特殊情况，第二项可以当场收缴罚款的情形中增加在“旅客列车上或者口岸”作出罚款决定后。五是与缴纳罚款的方式增加“通过电子支付系统”相衔接，将第二项中的“向指定的银行缴纳罚款”修改为“到指定的银行或者通过电子支付系统缴纳罚款”。

第一百二十四条　【上交当场收缴的罚款】

修订前	修订后
第一百零五条　人民警察当场收缴的罚款，应当自收缴罚款之日起二日内，交至所属的公安机	**第一百二十四条**　人民警察当场收缴的罚款，应当自收缴罚款之日起二日**以**内，交至所属的公

关；在水上、旅客列车上当场收缴的罚款，应当自抵岸或者到站之日起二日内，交至所属的公安机关；公安机关应当自收到罚款之日起二日内将罚款缴付指定的银行。	安机关；在水上、旅客列车上当场收缴的罚款，应当自抵岸或者到站之日起二日以内，交至所属的公安机关；公安机关应当自收到罚款之日起二日以内将罚款缴付指定的银行。

本条是关于上交当场收缴的罚款的规定，这次修订对本条作了文字修改，将“二日内”修改为“二日以内”。

为规范当场收缴罚款行为，本条明确规定了当场收缴罚款后的上交程序和期限。人民警察代收罚款后，应当及时将当场收缴的罚款上交所属的公安机关，再由公安机关及时缴付指定的银行。否则，就有可能发生所罚款项被截留、挪用甚至流失的问题，严重损害国家利益，破坏廉政建设，影响公安机关的威信和人民警察的形象。与此同时，考虑到人民警察负担的执法任务比较繁重，工作量也比较大，如果要求他们在当场收缴罚款的当日就上交所属的公安机关，可能会存在一定的困难，特别是在一些比较边远的农村、山区、牧区等，交通不便，人民警察在收缴罚款的当日上交罚款，困难会更大。因此，本条对人民警察上交所收缴的罚款规定了一个比较合理的期限。

第一百二十五条　【专用票据】

修订前	修订后
第一百零六条　人民警察当场收缴罚款的，应当向被处罚人出具省、自治区、直辖市人民政府财政部门统一制发的罚款收据；不出具统一制发的罚款收据的，被处罚人有权拒绝缴纳罚款。	**第一百二十五条**　人民警察当场收缴罚款的，应当向被处罚人出具**省级以上**人民政府财政部门统一制发的**专用票据**；不出具统一制发的**专用票据**的，被处罚人有权拒绝缴纳罚款。

这次修订对原治安管理处罚法第一百零六条作了修改完善，一是将“省、自治区、直辖市人民政府财政部门统一制发的罚款收据”修

改为“省级以上人民政府财政部门统一制发的专用票据”；二是将“统一制发的罚款收据”修改为“统一制发的专用票据”。

2021 年修订的行政处罚法将“省、自治区、直辖市财政部门统一制发的罚款收据”修改为“国务院财政部门或者省、自治区、直辖市人民政府财政部门统一制发的专用票据”。收据并不等同于财政票据，在商业活动中也会使用收据。用统一制发的专用票据代替收据，是规范化的制度表现。本次修订治安管理处罚法，与行政处罚法保持一致，将“罚款收据”修改为“专用票据”。

第一百二十六条　【暂缓行政拘留和出所】

修订前	修订后
第一百零七条　被处罚人不服行政拘留处罚决定，申请行政复议、提起行政诉讼的，可以向公安机关提出暂缓执行行政拘留的申请。公安机关认为暂缓执行行政拘留不致发生社会危险的，由被处罚人或者其近亲属提出符合本法第一百零八条规定条件的担保人，或者按每日行政拘留二百元的标准交纳保证金，行政拘留的处罚决定暂缓执行。	**第一百二十六条**　被处罚人不服行政拘留处罚决定，申请行政复议、提起行政诉讼的，**遇有参加升学考试、子女出生或者近亲属病危、死亡等情形的，**可以向公安机关提出暂缓执行行政拘留的申请。公安机关认为暂缓执行行政拘留不致发生社会危险的，由被处罚人或者其近亲属提出符合本法**第一百二十七条**规定条件的担保人，或者按每日行政拘留二百元的标准交纳保证金，行政拘留的处罚决定暂缓执行。 **正在被执行行政拘留处罚的人遇有参加升学考试、子女出生或者近亲属病危、死亡等情形，被拘留人或者其近亲属申请出所的，由公安机关依照前款规定执行。被拘留人出所的时间不计入拘留期限。**

这次修订对原治安管理处罚法第一百零七条作了修改完善，一是申请暂缓执行行政拘留的情形中增加被处罚人“遇有参加升学考试、子女出生或者近亲属病危、死亡等情形的”；二是根据条文序号的变化将“符合本法第一百零八条规定条件的担保人”中的“第一百零八条”修改为“第一百二十七条”；三是增加被拘留人遇有参加升学考试、子女出生或者近亲属病危、死亡等情形，可以申请出所的规定。

参加升学考试、子女出生或者近亲属病危、死亡等，要么对当事人前途有重大影响，要么对当事人有特殊重要意义，对于当事人来说属于重大事务。行政拘留性质上属于行政处罚，违法行为的社会危害性、行为人的人身危险性等总体上要小于犯罪行为。如果因为执行行政拘留而使被处罚人不能及时处理一些有特殊重要意义的事务，可能会给当事人带来重大的、终身的，甚至是难以弥补的损害和遗憾，不符合“尊重和保障人权”的要求，不符合“过罚相当”原则，也不符合立法“以人为本、立法为民”的理念。为充分保障被拘留人合法权益，本条增加了申请暂缓执行行政拘留的情形，同时增加了申请出所有关规定。

第一百二十七条　【担保人的条件】

修订前	修订后
第一百零八条　担保人应当符合下列条件： （一）与本案无牵连； （二）享有政治权利，人身自由未受到限制； （三）在当地有常住户口和固定住所； （四）有能力履行担保义务。	**第一百二十七条**　担保人应当符合下列条件： （一）与本案无牵连； （二）享有政治权利，人身自由未受到限制； （三）在当地有常住户口和固定住所； （四）有能力履行担保义务。

本条是关于暂缓执行行政拘留处罚或者正在被执行行政拘留处罚的人出所对担保人的条件的规定，这次修订对本条未作修改。

被处罚人不服行政拘留处罚决定，申请行政复议、提起行政诉讼的，对行政拘留处罚决定予以暂缓执行，一方面要考虑到被处罚人合法权益的保护，另一方面还要考虑到保证行政复议、行政诉讼的正常进行，保证行政拘留处罚在经过行政复议、行政诉讼后被维持时能够顺利得以执行。为了使暂缓执行行政拘留处罚更便于操作，更好地发挥担保人的作用，2005 年治安管理处罚法根据各方面的意见，总结多年来的执法经验，并借鉴刑事诉讼法关于取保候审保证人条件的规定，增加规定了暂缓执行行政拘留处罚担保人的条件。

2025 年修订治安管理处罚法时，申请暂缓执行行政拘留的情形中增加了被处罚人“遇有参加升学考试、子女出生或者近亲属病危、死亡等情形的”，同时增加了上述情形可以申请出所的规定。本条规定的担保人的条件同样适用于上述情形。

第一百二十八条　【担保人义务及法律责任】

修订前	修订后
第一百零九条　担保人应当保证被担保人不逃避行政拘留处罚的执行。 担保人不履行担保义务，致使被担保人逃避行政拘留处罚的执行的，由公安机关对其处三千元以下罚款。	**第一百二十八条**　担保人应当保证被担保人不逃避行政拘留处罚的执行。 担保人不履行担保义务，致使被担保人逃避行政拘留处罚的执行的，处三千元以下罚款。

这次修订对原治安管理处罚法第一百零九条作了一处文字修改，与本法其他条款关于罚则规定的表述相一致，删除第二款中的“由公安机关对其”，法律条文的含义不变。

原治安管理处罚条例对暂缓执行行政拘留处罚担保人应当履行哪些担保义务未作规定，担保人应当承担哪些责任不明确。而且担保人不履行担保义务，致使被担保人逃避处罚的，要对担保人进行处罚也没有法律依据。因此，2005 年治安管理处罚法对暂缓执行行政拘留担保人的义务及不履行义务的法律责任作出规定。

2025 年修订治安管理处罚法时，申请暂缓执行行政拘留的情形中增加了被处罚人“遇有参加升学考试、子女出生或者近亲属病危、死亡等情形的”，同时增加了上述情形可以申请出所的规定。本条规定的担保人的义务及不履行义务的法律责任同样适用于上述情形。

第一百二十九条　【保证金的没收】

修订前	修订后
第一百一十条　被决定给予行政拘留处罚的人交纳保证金，暂缓行政拘留后，逃避行政拘留处罚的执行的，保证金予以没收并上缴国库，已经作出的行政拘留决定仍应执行。	**第一百二十九条**　被决定给予行政拘留处罚的人交纳保证金，暂缓行政拘留**或者出所**后，逃避行政拘留处罚的执行的，保证金予以没收并上缴国库，已经作出的行政拘留决定仍应执行。

这次修订对原治安管理处罚法第一百一十条作了修改完善，没收保证金的情形增加被拘留人“出所”后逃避行政拘留处罚的执行的。

原治安管理处罚法对被处罚人不服行政拘留处罚决定，“申请行政复议、提起行政诉讼的”，可以向公安机关提出暂缓执行行政拘留的申请作了规定。2025年修订治安管理处罚法时，申请暂缓执行行政拘留的情形中增加了被处罚人“遇有参加升学考试、子女出生或者近亲属病危、死亡等情形的”，同时增加了上述情形可以申请出所的规定。本条根据上述修改对没收保证金的情形作了相应修改完善。

第一百三十条　【保证金的退还】

修订前	修订后
第一百一十一条　行政拘留的处罚决定被撤销，或者行政拘留处罚开始执行的，公安机关收取的保证金应当及时退还交纳人。	**第一百三十条**　行政拘留的处罚决定被撤销，行政拘留处罚开始执行，或者**出所后继续执行**的，公安机关收取的保证金应当及时退还交纳人。

这次修订对原治安管理处罚法第一百一十一条作了修改完善，退还保证金的情形增加被拘留人“出所后继续执行”的。

原治安管理处罚法对被处罚人不服行政拘留处罚决定，“申请行政复议、提起行政诉讼的”，可以向公安机关提出暂缓执行行政拘留的申请作了规定。2025年修订治安管理处罚法时，申请暂缓执行行政拘留的情形中增加了被处罚人“遇有参加升学考试、子女出生或者近亲属病危、死亡等情形的”，同时增加了上述情形可以申请出所的规定。本条根据上述修改对退还保证金的情形作了相应修改完善。

第五章 执法监督

第一百三十一条 【执法原则】

修订前	修订后
第一百一十二条 公安机关及其人民警察应当依法、公正、严格、高效办理治安案件，文明执法，不得徇私舞弊。	**第一百三十一条** 公安机关及其人民警察应当依法、公正、严格、高效办理治安案件，文明执法，不得徇私舞弊**、玩忽职守、滥用职权**。

这次修订对原治安管理处罚法第一百一十二条作了修改完善，加强对公安机关及其人民警察的监督，增加规定公安机关及其人民警察办理治安案件不得“玩忽职守、滥用职权”。

玩忽职守和滥用职权是公职人员在履行职责过程中常见的职务违法行为。公安机关及其人民警察在办理治安案件中玩忽职守、滥用职权，不仅直接损害当事人的合法权益，激化社会矛盾、造成社会不公，而且破坏法治权威、削弱政府公信力，必须坚决予以防止和制止。本次修订治安管理处罚法，明确规定这两种实践中常见的、典型的渎职行为，有利于进一步加强对公安机关及其人民警察的监督。

第一百三十二条 【禁止性规定】

修订前	修订后
第一百一十三条 公安机关及其人民警察办理治安案件，禁止对违反治安管理行为人打骂、虐待或者侮辱。	**第一百三十二条** 公安机关及其人民警察办理治安案件，禁止对违反治安管理行为人打骂、虐待或者侮辱。

本条是关于公安机关及其人民警察办理治安案件中的禁止性行为的规定，这次修订对本条未作修改。

尊重和保障人权是我们党和国家的一贯方针，宪法将尊重和保障人权作为一项宪法原则加以规定，为进一步确立各方面的法律制度提供了依据和保障，也体现了社会主义制度的本质要求。公民的人身权是最为重要、最为基本的人权。宪法规定，公民的人格尊严不受侵犯，禁止用任何方法对公民进行侮辱、诽谤和诬告陷害。公安机关作为国家治安行政力量和刑事司法力量，拥有采取限制人身自由的强制措施的权力，如果不能正确行使这一权力，很容易给公民的人身造成损害。本法针对实践中有的公安机关及其人民警察在办案过程中，对违法行为人采取打骂、虐待或者侮辱的情况，明确规定，公安机关及其人民警察对治安案件的调查，应当依法进行。严禁刑讯逼供或者采用威胁、引诱、欺骗等非法手段收集证据。同时，本条进一步重申禁止公安机关及其人民警察在办理治安案件时对违反治安管理行为人打骂、虐待或者侮辱，这既是对公安机关及其人民警察执法活动的规范要求，同时，也是人民警察作为一个公民应当遵守的行为准则。

第一百三十三条　【社会监督】

修订前	修订后
第一百一十四条　公安机关及其人民警察办理治安案件，应当自觉接受社会和公民的监督。 公安机关及其人民警察办理治安案件，不严格执法或者有违法违纪行为的，任何单位和个人都有权向公安机关或者人民检察院、行政监察机关检举、控告；收到检举、控告的机关，应当依据职责及时处理。	**第一百三十三条**　公安机关及其人民警察办理治安案件，应当自觉接受社会和公民的监督。 公安机关及其人民警察办理治安案件，不严格执法或者有违法违纪行为的，任何单位和个人都有权向公安机关或者人民检察院、监察机关检举、控告；收到检举、控告的机关，应当依据职责及时处理。

这次修订对原治安管理处罚法第一百一十四条作了修改完善，进一

步明确任何单位和个人对公安机关及其人民警察办理治安案件时的违法违纪行为有权向有关机关进行检举、控告。

主要作了以下修改：将第二款“任何单位和个人都有权向公安机关或者人民检察院、行政监察机关检举、控告”修改为“任何单位和个人都有权向公安机关或者人民检察院、监察机关检举、控告”。2018年3月11日，第十三届全国人民代表大会第一次会议通过宪法修正案，在宪法中增加规定“监察委员会”一节，确立了监察委员会作为国家机构的法律地位。随后，2018年3月20日，第十三届全国人民代表大会第一次会议通过了监察法，并同时废止行政监察法。根据监察法的规定，由监察机关对公职人员依法履职、秉公用权等情况进行监督检查，对违法的公职人员依法作出政务处分决定。因此，本条将“行政监察机关”修改为“监察机关”，与有关法律做好衔接。

第一百三十四条 【治安处罚与政务处分衔接】

修订前	修订后
本条未作规定。	**第一百三十四条 公安机关作出治安管理处罚决定，发现被处罚人是公职人员，依照《中华人民共和国公职人员政务处分法》的规定需要给予政务处分的，应当依照有关规定及时通报监察机关等有关单位。**

这次修订增加了本条规定，明确了违反治安管理的公职人员需要给予政务处分的，公安机关应当及时通报监察机关等有关单位。

公职人员在国家的经济、政治和社会生活中行使公共职权、履行公共职责等，在国家治理体系中处于特殊重要位置。按照深化国家监察体制改革关于实现对所有行使公权力的公职人员监察全覆盖的要求，2018年通过的监察法明确规定，各级监察委员会是行使国家监察职能的专责机关，依法对所有行使公权力的公职人员进行监察。政务处分是对违法公职人员的惩戒措施，其适用范围是所有行使公权力的公职人员。根据公职人员政务处分法的规定，如果公职人员有某些违反治安管理行为的，在给予治安处罚的同时，还应当给予政务处分。两种责任性质、定位、内容等不同，不能相互替代。为强化对公职人员的管理和监督，确保监察机关等能够及时准确全面掌握违反治安管理应当给予政务处分的公职人员的情况，防止违法的公职人员逃避责任追究，本次修法增加本条，对治安处罚与政务处分的衔接作出规定。

第一百三十五条　【罚款决定与罚款收缴分离】

修订前	修订后
第一百一十五条　公安机关依法实施罚款处罚，应当依照有关法律、行政法规的规定，实行罚款决定与罚款收缴分离；收缴的罚款应当全部上缴国库。	**第一百三十五条**　公安机关依法实施罚款处罚，应当依照有关法律、行政法规的规定，实行罚款决定与罚款收缴分离；收缴的罚款应当全部上缴国库，**不得返还、变相返还，不得与经费保障挂钩**。

这次修订对原治安管理处罚法第一百一十五条作了修改完善，明确收缴的罚款不得返还、变相返还，不得与经费保障挂钩。

主要作了以下修改：增加收缴的罚款“不得返还、变相返还，不得与经费保障挂钩”的规定。近年来，部分地方出现逐利性执法现象，执法机关在执法过程中，出于追求经济利益或其他非法律目的的考虑，以经济利益为主要目标，通过超范围罚款获利。这种逐利性执法不仅违反了法律法规，也损害了法律的权威性和公正性，偏离了公正、公平、公开的执法原则。同时，它也破坏了市场的公平竞争环境，损害了公共利益和公民的合法权益，严重损害了公安机关的执法公信力。因此，此次治安管理处罚法修改增加了对收缴的罚款不得返还，变相返还，不得与经费保障挂钩的规定，严禁将罚没收入与执法经费直接或者变相挂钩等做法，严格按照罚没收入管理要求，确保罚没收入与执法人员的绩效评价脱钩。

第一百三十六条 【治安违法记录封存】

修订前	修订后
本条未作规定。	第一百三十六条 违反治安管理的记录应当予以封存，不得向任何单位和个人提供或者公开，但有关国家机关为办案需要或者有关单位根据国家规定进行查询的除外。依法进行查询的单位，应当对被封存的违法记录的情况予以保密。

这次修订增加了本条规定，明确了违反治安管理的记录应当予以封存的内容。

增加本条规定，主要是增加了对治安违法记录予以封存的规定。第一，违反治安管理的记录应当予以封存。党的二十届三中全会提出"建立轻微犯罪记录封存制度"，相比轻微犯罪案件，治安违法案件社会危害更小、违法责任更轻，治安违法行为人更容易重新融入社会，修复社会关系。因此，此次治安管理处罚法修改，新增了治安违法记录封存制度。第二，违反治安管理的记录不得向任何单位和个人提供或者公开，但有关国家机关为办案需要或者有关单位根据国家规定进行查询的除外。治安违法记录封存，有助于消除"标签效应"，给违法行为人以改过自新的机会，使其能够相对平等地参与社会生活，最大限度实现社会和谐稳定。因此，明确公安机关不得向任何单位和个人提供或者公开违反治安管理的记录，但规定了两种特殊情况：一是有关国家机关为办案需要；二是有关单位根据国家规定进行查询。第三，依法进行查询的单位，应当对被封存的违法记录的情况予以保密。这既有助于惩罚治安违法行为人，又可保护治安违法行为人的个人隐私，避免因治安违法记录给其带来法律规定以外的后果。

第一百三十七条 【同步录音录像运行安全管理】

修订前	修订后
本条未作规定。	**第一百三十七条 公安机关应当履行同步录音录像运行安全管理职责，完善技术措施，定期维护设施设备，保障录音录像设备运行连续、稳定、安全。**

这次修订增加了本条规定，明确了公安机关应当履行同步录音录像安全管理、完善技术、定期维护、保障运行的职责。

增加本条规定，主要是增加了公安机关对同步录音录像的管理职责，包括完善同步录音录像技术措施，定期维护同步录音录像设施设备，以保障录音录像设备运行连续、稳定、安全。党的十八届四中全会关于全面推进依法治国若干重大问题的决定提出关于建立执法全过程记录制度的要求，公安机关处理治安案件现场同步录音录像工作有利于规范公安机关现场执法活动，维护当事人合法权益，提高公安机关办理治安案件的质量，进一步提升公安机关的执法公信力和执法安全水平。

第一百三十八条 【个人信息保护】

修订前	修订后
本条未作规定。	**第一百三十八条 公安机关及其人民警察不得将在办理治安案件过程中获得的个人信息，依法提取、采集的相关信息、样本用于与治安管理、查处犯罪无关的用途，不得出售、提供给其他单位或者个人。**

这次修订增加了本条规定，明确了公安机关及人民警察在办理治安

案件过程中应当保护个人信息的内容。

增加本条规定，明确公安机关及其人民警察保护个人信息的职责，不得将在办理治安案件过程中获得的个人信息，依法提取、采集的相关信息、样本用于与治安管理、查处犯罪无关的用途，不得出售、提供给其他单位或者个人。这样规定，一方面要求公安机关及其人民警察规范信息使用，在办理治安案件过程中，必须严格依照法律规定的程序和条件进行，依法提取、采集的相关信息、样本只能用于与治安管理、查处犯罪有关的用途，促使公安机关依法依规行使权力，避免权力滥用，保证执法活动的合法性和公正性。另一方面也是维护当事人的个人利益，个人信息属于个人隐私的范畴，公安机关在办理治安案件时获取的这些信息，如果被随意使用、泄露，或者出售、提供给其他单位或者个人，将可能使相关人员的人身和财产利益受到侵害。公安机关通过严格保护公民个人信息，可以赢得公众的信任和尊重，提升执法公信力。这有助于建立良好的警民关系，促进社会的和谐稳定。

第一百三十九条　【违法行为及其处罚】

修订前	修订后
第一百一十六条　人民警察办理治安案件，有下列行为之一的，依法给予行政处分；构成犯罪的，依法追究刑事责任： （一）刑讯逼供、体罚、虐待、侮辱他人的； （二）超过询问查证的时间限制人身自由的； （三）不执行罚款决定与罚款收缴分离制度或者不按规定将罚没的财物上缴国库或者依法处理的；	**第一百三十九条**　人民警察办理治安案件，有下列行为之一的，依法给予处分；构成犯罪的，依法追究刑事责任： （一）刑讯逼供、体罚、**打骂**、虐待、侮辱他人的； （二）超过询问查证的时间限制人身自由的； （三）不执行罚款决定与罚款收缴分离制度或者不按规定将罚没的财物上缴国库或者依法处理的；

（四）私分、侵占、挪用、故意损毁收缴、扣押的财物的；	（四）私分、侵占、挪用、故意损毁**所**收缴、**追缴**、扣押的财物的；
（五）违反规定使用或者不及时返还被侵害人财物的；	（五）违反规定使用或者不及时返还被侵害人财物的；
（六）违反规定不及时退还保证金的；	（六）违反规定不及时退还保证金的；
（七）利用职务上的便利收受他人财物或者谋取其他利益的；	（七）利用职务上的便利收受他人财物或者谋取其他利益的；
（八）当场收缴罚款不出具罚款收据或者不如实填写罚款数额的；	（八）当场收缴罚款不出具**专用票据**或者不如实填写罚款数额的；
（九）接到要求制止违反治安管理行为的报警后，不及时出警的；	（九）接到要求制止违反治安管理行为的报警后，不及时出警的；
（十）在查处违反治安管理活动时，为违法犯罪行为人通风报信的；	（十）在查处违反治安管理活动时，为违法犯罪行为人通风报信的；
（十一）有徇私舞弊、滥用职权，不依法履行法定职责的其他情形的。	**（十一）泄露办理治安案件过程中的工作秘密或者其他依法应当保密的信息的；**
办理治安案件的公安机关有前款所列行为的，对直接负责的主管人员和其他直接责任人员给予相应的行政处分。	**（十二）将在办理治安案件过程中获得的个人信息，依法提取、采集的相关信息、样本用于与治安管理、查处犯罪无关的用途，或者出售、提供给其他单位或者个人的；**
	（十三）剪接、删改、损毁、丢失办理治安案件的同步录音录像资料的；
	（十四）有徇私舞弊、**玩忽职守、**滥用职权，不依法履行法定职

	责的其他情形的。 办理治安案件的公安机关有前款所列行为的，对**负有责任的领导人员和**直接责任人员，**依法**给予处分。

这次修订对原治安管理处罚法第一百一十六条作了修改完善，规定了人民警察办理治安案件存在违法行为的，依法进行处罚。

主要作了以下修改：一是将帽段中“依法给予行政处分”修改为“依法给予处分”。根据公职人员政务处分法、监察法以及公务员法的规定，对于违法的人民警察予以处分，此次修改与上述法律有关规定相衔接。二是在第一款第一项中增加“打骂”行为，与第一百三十二条的规定相衔接。三是将第一款第四项中“故意损毁收缴、扣押的财物的”修改为“故意损毁所收缴、追缴、扣押的财物的”，与第十一条的规定相衔接。四是将“罚款收据”修改为“专用票据”，与行政处罚法的规定相衔接。五是增加“泄露办理治安案件过程中的工作秘密或者其他依法应当保密的信息的”行为，与第九十四条的规定相衔接。六是增加“将在办理治安案件过程中获得的个人信息，依法提取、采集的相关信息、样本用于与治安管理、查处犯罪无关的用途，或者出售、提供给其他单位或者个人的”行为，与第一百三十八条的规定相衔接。七是增加“剪接、删改、损毁、丢失办理治安案件的同步录音录像资料的”行为，与第一百三十七条的规定相衔接。八是增加“有玩忽职守，不依法履行法定职责的其他情形的”。我国刑法规定了玩忽职守、滥用职权、徇私舞弊罪的刑事责任，此次修改明确玩忽职守、滥用职权、徇私舞弊等行为处分，构成犯罪的，追究刑事责任，与刑法的规定相衔接。九是将“对直接负责的主管人员和其他直接责任人员给予相应的行政处分”修改为“对负有责任的领导人员和直接责任人员，依法给予处分”，与公职人员处分法和监察法的规定相衔接。

第一百四十条 【赔偿责任】

修订前	修订后
第一百一十七条 公安机关及其人民警察违法行使职权，侵犯公民、法人和其他组织合法权益的，应当赔礼道歉；造成损害的，应当依法承担赔偿责任。	**第一百四十条** 公安机关及其人民警察违法行使职权，侵犯公民、法人和其他组织合法权益的，应当赔礼道歉；造成损害的，应当依法承担赔偿责任。

本条是关于公安机关及其人民警察违法行使职权，侵权赔偿的规定，这次修订对本条未作修改。

本条规定公安机关及其人民警察违法行使职权，侵犯公民、组织合法权益的，应当赔礼道歉；造成损失的应当承担赔偿责任。宪法规定，公民对于任何国家机关和国家工作人员的违法失职行为，都有向国家机关提出申诉、控告或者检举的权利。由于国家机关和国家工作人员侵犯公民权利而受到损失的，公民有依照法律规定取得赔偿的权利。国家赔偿法也规定，国家机关和国家机关工作人员违法行使职权侵犯公民、法人和其他组织的合法权益造成损害的，受害人有取得国家赔偿的权利。公民能否真正享有宪法和法律规定的权利，这种权利能否得到切实的保护，是衡量一个国家民主政治制度和法制是否健全的重要标志。公安机关作为国家行政机关，依据法律对社会治安进行管理，维护社会秩序，其最终目的是保障广大人民群众的根本利益，对于实践中存在的公安机关及其人民警察有法不依，违法行使职权，甚至以权谋私、徇私枉法、玩忽职守等违法行为，公安机关及其人民警察有责任予以纠正，对给公民、组织的合法权益造成损害的，理应承担赔偿责任。

第六章　附　　则

第一百四十一条　【相关法律的衔接适用】

修订前	修订后
本条未作规定。	第一百四十一条　其他法律中规定由公安机关给予行政拘留处罚的，其处罚程序适用本法规定。 公安机关依照《中华人民共和国枪支管理法》、《民用爆炸物品安全管理条例》等直接关系公共安全和社会治安秩序的法律、行政法规实施处罚的，其处罚程序适用本法规定。 本法第三十二条、第三十四条、第四十六条、第五十六条规定给予行政拘留处罚，其他法律、行政法规同时规定给予罚款、没收违法所得、没收非法财物等其他行政处罚的行为，由相关主管部门依照相应规定处罚；需要给予行政拘留处罚的，由公安机关依照本法规定处理。

这次修订增加了本条规定，明确了其他法律与本法关于给予治安管理处罚衔接的问题。

增加本条规定，主要是明晰本法与其他有关行政法律法规调整事项的交叉的适用。治安管理处罚法调整事项为社会治安领域，由于社会治安领域涉及面宽，有的治安领域同时涉及行业管理，再加上历史和实践的原因，本法往往会涉及与其他有关法律法规调整事项的交叉，涉及公安执法与行业监管部门执法的关系，因此，本条对其他法律规定由公安机关予以行政拘留处罚的，或者直接关系公共安全和社会治安秩序的法律、行政法规实施的处罚程序的，明确其处罚程序适用本法规定。同时强调本法第三十二条、第三十四条、第四十六条、第五十六条规定给予行政拘留处罚，在其他法律、行政法规同时规定给予其他行政处罚的行为，作了衔接性规定。

第一百四十二条　【海警机构海上治安管理职责与职权】

修订前	修订后
本条未作规定。	**第一百四十二条　海警机构履行海上治安管理职责，行使本法规定的公安机关的职权，但是法律另有规定的除外。**

这次修订增加了本条规定，明确了除法律另有规定外，海警机构依照本法在海上行使公安机关职权，履行海上治安管理职责。

增加本条规定，主要是明确了海警机构在海上行使公安机关治安管理职权。中国既是陆地大国，也是海洋大国，由于历史的原因，长期以来，国家海上维权执法力量和机制建设不够统一，海上维权执法职责比较分散，分别归属国家海洋、公安、农业、海关、交通等不同部门，这种状况不利于提高海洋维权能力和有效维护海洋权益。为推进海上统一执法，提高执法效能，2018 年 6 月，全国人大常委会关于中国海警局行使海上维权执法职权的决定授权中国海警局统一履行海上维权执法职责。海警队伍整体划归武警部队领导指挥，调整组建中国人民武装警察部队海警总队，对外称中国海警局，统一履行海上维权执法职责。海警法第二条明确规定，“人民武装警察部队即海警机构，统一履行海上维权执法职责”，依法行使海上行政执法权和刑事侦查权。因此，本次治安管理处罚法修改，与海警法相关规定相衔接。

第一百四十三条 【"以上、以下、以内"的含义】

修订前	修订后
第一百一十八条 本法所称以上、以下、以内，包括本数。	**第一百四十三条** 本法所称以上、以下、以内，包括本数。

本条是关于"以上、以下、以内"含义的规定，这次修订对本条未作修改。

本条规定主要是明确"以上、以下、以内"的含义。这一规定有助于确保法律条文的明确性和一致性。通过明确规定"以上、以下、以内"等表述的包含范围，减少了因理解差异而导致的法律纠纷。同时，这也要求在法律实践中，必须严格按照法律条文的字面意思进行解释和适用，以确保法律的公正性和权威性。

第一百四十四条 【施行日期】

修订前	修订后
第一百一十九条 本法自2006年3月1日起施行。1986年9月5日公布、1994年5月12日修订公布的《中华人民共和国治安管理处罚条例》同时废止。	**第一百四十四条** 本法自**2026**年**1**月1日起施行。

这次修订对原治安管理处罚法第一百一十九条作了修改完善，明确了本法的生效日期。

主要作了以下修改：第一，明确本法生效日期。2025年修订治安管理处罚法按照立法技术规范重新规定了本法的施行日期，将2025年修订后治安管理处罚法的施行日期确定为2026年1月1日。从修订通过到实施留了近6个月的准备期，主要是考虑到：一是，2025年修订治安管理处罚法对2005年治安管理处罚法作了较大幅度修改，既有新增加违法行为、执法程序的规定，也有对原有违法行为、执法程序规定的进一步完善，涉及社会层面的内容较多，人民群众需要有一段时间知悉和了解，需要做好宣传、解读工作。二是，2025 年修订治安管理处罚法增加了许多新规定，有的规定较为原则，有关方面需要修改或制定与本法配套的行政执法规章制度，细化本法的有关规定，将本法切实落到实处。第二，删去“1986 年 9 月 5 日公布、1994 年 5 月 12 日修订公布的《中华人民共和国治安管理处罚条例》同时废止”的规定。1986 年通过的治安管理处罚条例是 2006 年制定治安管理处罚法时废止的，这次修订治安管理处罚法没有必要再写对该条例的废止。

中华人民共和国主席令

第四十九号

《中华人民共和国治安管理处罚法》已由中华人民共和国第十四届全国人民代表大会常务委员会第十六次会议于 2025 年 6 月 27 日修订通过，现予公布，自 2026 年 1 月 1 日起施行。

中华人民共和国主席　习近平

2025 年 6 月 27 日

中华人民共和国治安管理处罚法

（2005年8月28日第十届全国人民代表大会常务委员会第十七次会议通过　根据2012年10月26日第十一届全国人民代表大会常务委员会第二十九次会议《关于修改〈中华人民共和国治安管理处罚法〉的决定》修正　2025年6月27日第十四届全国人民代表大会常务委员会第十六次会议修订）

目　　录

第一章　总　　则

第一条　为了维护社会治安秩序，保障公共安全，保护公民、法人和其他组织的合法权益，规范和保障公安机关及其人民警察依法履行治安管理职责，根据宪法，制定本法。

第二条　治安管理工作坚持中国共产党的领导，坚持综合治理。

各级人民政府应当加强社会治安综合治理，采取有效措施，预防和化解社会矛盾纠纷，增进社会和谐，维护社会稳定。

第三条　扰乱公共秩序，妨害公共安全，侵犯人身权利、财产权利，妨害社会管理，具有社会危害性，依照《中华人民共和国刑法》的规定构成犯罪的，依法追究刑事责任；尚不够刑事处罚的，由公安机关依照本法给予治安管理处罚。

第四条　治安管理处罚的程序，适用本法的规定；本法没有规定的，适用《中华人民共和国行政处罚法》、

《中华人民共和国行政强制法》的有关规定。

第五条 在中华人民共和国领域内发生的违反治安管理行为，除法律有特别规定的外，适用本法。

在中华人民共和国船舶和航空器内发生的违反治安管理行为，除法律有特别规定的外，适用本法。

在外国船舶和航空器内发生的违反治安管理行为，依照中华人民共和国缔结或者参加的国际条约，中华人民共和国行使管辖权的，适用本法。

第六条 治安管理处罚必须以事实为依据，与违反治安管埋的事实、性质、情节以及社会危害程度相当。

实施治安管理处罚，应当公开、公正，尊重和保障人权，保护公民的人格尊严。

办理治安案件应当坚持教育与处罚相结合的原则，充分释法说理，教育公民、法人或者其他组织自觉守法。

第七条 国务院公安部门负责全国的治安管理工作。县级以上地方各级人民政府公安机关负责本行政区域内的治安管理工作。

治安案件的管辖由国务院公安部门规定。

第八条 违反治安管理行为对他人造成损害的，除依照本法给予治安管理处罚外，行为人或者其监护人还应当依法承担民事责任。

违反治安管理行为构成犯罪，应当依法追究刑事责任的，不得以治安管理处罚代替刑事处罚。

第九条 对于因民间纠纷引起的打架斗殴或者损毁他人财物等违反治安管理行为，情节较轻的，公安机关可以调解处理。

调解处理治安案件，应当查明事实，并遵循合法、公正、自愿、及时的原则，注重教育和疏导，促进化解矛盾纠纷。

经公安机关调解，当事人达成协议的，不予处罚。经调解未达成协议或者达成协议后不履行的，公安机关应当依照本法的规定对违反治安管理行为作出处理，并告知当事人可以就民事争议依法向人民法院提起民事诉讼。

对属于第一款规定的调解范围的治安案件，公安机关作出处理决定前，当事人自行和解或者经人民调解委员会调解达成协议并履行，书面申请经公安机关认可的，不予处罚。

第二章　处罚的种类和适用

第十条 治安管理处罚的种类分为：

（一）警告；

（二）罚款；

（三）行政拘留；

（四）吊销公安机关发放的许可证件。

对违反治安管理的外国人，可以附加适用限期出境或者驱逐出境。

第十一条 办理治安案件所查获的毒品、淫秽物品等违禁品，赌具、赌资，吸食、注射毒品的用具以及直接用于实施违反治安管理行为的本人所有的工具，应当收缴，按照规定处理。

违反治安管理所得的财物，追缴退还被侵害人；没有被侵害人的，登记造册，公开拍卖或者按照国家有关规定处理，所得款项上缴国库。

第十二条 已满十四周岁不满十八周岁的人违反治安管理的，从轻或者减轻处罚；不满十四周岁的人违反治安管理的，不予处罚，但是应当责令其监护人严加管教。

第十三条 精神病人、智力残疾人在不能辨认或者不能控制自己行为的时候违反治安管理的，不予处罚，但是应当责令其监护人加强看护管理和治疗。间歇性的精神病人在精神正常的时候违反治安管理的，应当给予处罚。尚未完全丧失辨认或者控制自己行为能力的精神病人、智力残疾人违反治安管理的，应当给予处罚，但是可以从轻或者减轻处罚。

第十四条 盲人或者又聋又哑的人违反治安管理的，可以从轻、减轻或者不予处罚。

第十五条 醉酒的人违反治安管理的，应当给予处罚。

醉酒的人在醉酒状态中，对本人有危险或者对他人的人身、财产或者公共安全有威胁的，应当对其采取保护性措施约束至酒醒。

第十六条 有两种以上违反治安管理行为的，分别决定，合并执行处罚。行政拘留处罚合并执行的，最长不超过二十日。

第十七条 共同违反治安管理的，根据行为人在违反治安管理行为中所起的作用，分别处罚。

教唆、胁迫、诱骗他人违反治安管理的，按照其教唆、胁迫、诱骗的行为处罚。

第十八条 单位违反治安管理的，对其直接负责的主管人员和其他直接责任人员依照本法的规定处罚。其他法律、行政法规对同一行为规定给予单位处罚的，依照其规定处罚。

第十九条 为了免受正在进行的不法侵害而采取的制止行为，造成损害的，不属于违反治安管理行为，不受处罚；制止行为明显超过必要限度，造成较大损害的，依法给予处罚，但是应当减轻处罚；情节较轻的，不予处罚。

第二十条 违反治安管理有下列情形之一的，从轻、减轻或者不予处罚：

（一）情节轻微的；

（二）主动消除或者减轻违法后果的；

（三）取得被侵害人谅解的；

（四）出于他人胁迫或者诱骗的；

（五）主动投案，向公安机关如实陈述自己的违法行为的；

（六）有立功表现的。

第二十一条 违反治安管理行为人自愿向公安机关如实陈述自己的违法行为，承认违法事实，愿意接受处罚的，可以依法从宽处理。

第二十二条 违反治安管理有下列情形之一的，从重处罚：

（一）有较严重后果的；

（二）教唆、胁迫、诱骗他人违反治安管理的；

（三）对报案人、控告人、举报人、证人打击报复的；

（四）一年以内曾受过治安管理处罚的。

第二十三条 违反治安管理行为人有下列情形之一，依照本法应当给予行政拘留处罚的，不执行行政拘留处罚：

（一）已满十四周岁不满十六周岁的；

（二）已满十六周岁不满十八周岁，初次违反治安管理的；

（三）七十周岁以上的；

（四）怀孕或者哺乳自己不满一周岁婴儿的。

前款第一项、第二项、第三项规定的行为人违反治安管理情节严重、影响恶劣的，或者第一项、第三项规定的行为人在一年以内二次以上违反治安管理的，不受前款规定的限制。

第二十四条 对依照本法第十二条规定不予处罚或者依照本法第二十三条规定不执行行政拘留处罚的未成年人，公安机关依照《中华人民共和国预防未成年人犯罪法》的规定采取相应矫治教育等措施。

第二十五条 违反治安管理行为在六个月以内没有被公安机关发现的，不再处罚。

前款规定的期限，从违反治安管理行为发生之日起计算；违反治安管理行为有连续或者继续状态的，从行为终了之日起计算。

第三章 违反治安管理的行为和处罚

第一节 扰乱公共秩序的行为和处罚

第二十六条 有下列行为之一的，处警告或者五百元以下罚款；情节较重的，处五日以上十日以下拘留，可以并处一千元以下罚款：

（一）扰乱机关、团体、企业、事业单位秩序，致使工作、生产、营业、医疗、教学、科研不能正常进行，尚未造成严重损失的；

（二）扰乱车站、港口、码头、机场、商场、公园、展览馆或者其他公共场所秩序的；

（三）扰乱公共汽车、电车、城市轨道交通车辆、火车、船舶、航空器或者其他公共交通工具上的秩序的；

（四）非法拦截或者强登、扒乘机动车、船舶、航空器以及其他交通工具，影响交通工具正常行驶的；

（五）破坏依法进行的选举秩序的。

聚众实施前款行为的，对首要分子处十日以上十五日以下拘留，可以并处二千元以下罚款。

第二十七条　在法律、行政法规规定的国家考试中，有下列行为之一，扰乱考试秩序的，处违法所得一倍以上五倍以下罚款，没有违法所得或者违法所得不足一千元的，处一千元以上三千元以下罚款；情节较重的，处五日以上十五日以下拘留：

（一）组织作弊的；

（二）为他人组织作弊提供作弊器材或者其他帮助的；

（三）为实施考试作弊行为，向他人非法出售、提供考试试题、答案的；

（四）代替他人或者让他人代替自己参加考试的。

第二十八条　有下列行为之一，扰乱体育、文化等大型群众性活动秩序的，处警告或者五百元以下罚款；情节严重的，处五日以上十日以下拘留，可以并处一千元以下罚款：

（一）强行进入场内的；

（二）违反规定，在场内燃放烟花爆竹或者其他物品的；

（三）展示侮辱性标语、条幅等物品的；

（四）围攻裁判员、运动员或者其他工作人员的；

（五）向场内投掷杂物，不听制止的；

（六）扰乱大型群众性活动秩序的其他行为。

因扰乱体育比赛、文艺演出活动秩序被处以拘留处罚的，可以同时责令其六个月至一年以内不得进入体育场馆、演出场馆观看同类比赛、演出；违反规定进入体育场馆、演出场馆的，强行带离现场，可以处五日以下拘留或者一千元以下罚款。

第二十九条 有下列行为之一的，处五日以上十日以下拘留，可以并处一千元以下罚款；情节较轻的，处五日以下拘留或者一千元以下罚款：

（一）故意散布谣言，谎报险情、疫情、灾情、警情或者以其他方法故意扰乱公共秩序的；

（二）投放虚假的爆炸性、毒害性、放射性、腐蚀性物质或者传染病病原体等危险物质扰乱公共秩序的；

（三）扬言实施放火、爆炸、投放危险物质等危害公共安全犯罪行为扰乱公共秩序的。

第三十条 有下列行为之一的，处五日以上十日以下拘留或者一千元以下罚款；情节较重的，处十日以上十五日以下拘留，可以并处二千元以下罚款：

（一）结伙斗殴或者随意殴打他人的；

（二）追逐、拦截他人的；

（三）强拿硬要或者任意损毁、占用公私财物的；

（四）其他无故侵扰他人、扰乱社会秩序的寻衅滋事行为。

第三十一条 有下列行为之一的，处十日以上十五日以下拘留，可以并处二千元以下罚款；情节较轻的，处五日以上十日以下拘留，可以并处一千元以下罚款：

（一）组织、教唆、胁迫、诱骗、煽动他人从事邪教活动、会道门活动、非法的宗教活动或者利用邪教组织、会道门、迷信活动，扰乱社会秩序、损害他人身体健康的；

（二）冒用宗教、气功名义进行扰乱社会秩序、损害他人身体健康活动的；

（三）制作、传播宣扬邪教、会道门内容的物品、信息、资料的。

第三十二条 违反国家规定，有下列行为之一的，处五日以上十日以下拘留；情节严重的，处十日以上十五日以下拘留：

（一）故意干扰无线电业务正常进行的；

（二）对正常运行的无线电台（站）产生有害干扰，经有关主管部门指出后，拒不采取有效措施消除的；

（三）未经批准设置无线电广播电台、通信基站等无线电台（站）的，或者非法使用、占用无线电频率，从事违法活动的。

第三十三条 有下列行为之一，造成危害的，处五日以下拘留；情节较重的，处五日以上十五日以下拘留：

（一）违反国家规定，侵入计算机信息系统或者采用其他技术手段，获取计算机信息系统中存储、处理或者传输的数据，或者对计算机信息系统实施非法控制的；

（二）违反国家规定，对计算机信息系统功能进行删除、修改、增加、干扰的；

（三）违反国家规定，对计算机信息系统中存储、处理、传输的数据和应用程序进行删除、修改、增加的；

（四）故意制作、传播计算机病毒等破坏性程序的；

（五）提供专门用于侵入、非法控制计算机信息系统的程序、工具，或者明知他人实施侵入、非法控制计算机信息系统的违法犯罪行为而为其提供程序、工具的。

第三十四条 组织、领导传销活动的，处十日以上十五日以下拘留；情节较轻的，处五日以上十日以下拘留。

胁迫、诱骗他人参加传销活动的，处五日以上十日以下拘留；情节较重的，处十日以上十五日以下拘留。

第三十五条 有下列行为之一的，处五日以上十日以下拘留或者一千元以上三千元以下罚款；情节较重的，处十日以上十五日以下拘留，可以并处五千元以下罚款：

（一）在国家举行庆祝、纪念、缅怀、公祭等重要活动的场所及周边管控区域，故意从事与活动主题和氛围相违背的行为，不听劝阻，造成不良社会影响的；

（二）在英雄烈士纪念设施保护范围内从事有损纪念英雄烈士环境和氛围的活动，不听劝阻的，或者侵占、破坏、污损英雄烈士纪念设施的；

（三）以侮辱、诽谤或者其他方式侵害英雄烈士的姓名、肖像、名誉、荣誉，损害社会公共利益的；

（四）亵渎、否定英雄烈士事迹和精神，或者制作、传播、散布宣扬、美化侵略战争、侵略行为的言论或者图片、音视频等物品，扰乱公共秩序的；

（五）在公共场所或者强制他人在公共场所穿着、佩戴宣扬、美化侵略战争、侵略行为的服饰、标志，不听劝阻，造成不良社会影响的。

第二节　妨害公共安全的行为和处罚

第三十六条　违反国家规定，制造、买卖、储存、运输、邮寄、携带、使用、提供、处置爆炸性、毒害性、放射性、腐蚀性物质或者传染病病原体等危险物质的，处十日以上十五日以下拘留；情节较轻的，处五日以上十日以下拘留。

第三十七条　爆炸性、毒害性、放射性、腐蚀性物质或者传染病病原体等危险物质被盗、被抢或者丢失，未按规定报告的，处五日以下拘留；故意隐瞒不报的，处五日以上十日以下拘留。

第三十八条 非法携带枪支、弹药或者弩、匕首等国家规定的管制器具的，处五日以下拘留，可以并处一千元以下罚款；情节较轻的，处警告或者五百元以下罚款。

非法携带枪支、弹药或者弩、匕首等国家规定的管制器具进入公共场所或者公共交通工具的，处五日以上十日以下拘留，可以并处一千元以下罚款。

第三十九条 有下列行为之一的，处十日以上十五日以下拘留；情节较轻的，处五日以下拘留：

（一）盗窃、损毁油气管道设施、电力电信设施、广播电视设施、水利工程设施、公共供水设施、公路及附属设施或者水文监测、测量、气象测报、生态环境监测、地质监测、地震监测等公共设施，危及公共安全的；

（二）移动、损毁国家边境的界碑、界桩以及其他边境标志、边境设施或者领土、领海基点标志设施的；

（三）非法进行影响国（边）界线走向的活动或者修建有碍国（边）境管理的设施的。

第四十条 盗窃、损坏、擅自移动使用中的航空设施，或者强行进入航空器驾驶舱的，处十日以上十五日以下拘留。

在使用中的航空器上使用可能影响导航系统正常功能的器具、工具，不听劝阻的，处五日以下拘留或者一千元以下罚款。

盗窃、损坏、擅自移动使用中的其他公共交通工具设施、设备，或者以抢控驾驶操纵装置、拉扯、殴打驾驶人员等方式，干扰公共交通工具正常行驶的，处五日以下拘留或者一千元以下罚款；情节较重的，处五日以上十日以下拘留。

第四十一条　有下列行为之一的，处五日以上十日以下拘留，可以并处一千元以下罚款；情节较轻的，处五日以下拘留或者一千元以下罚款：

（一）盗窃、损毁、擅自移动铁路、城市轨道交通设施、设备、机车车辆配件或者安全标志的；

（二）在铁路、城市轨道交通线路上放置障碍物，或者故意向列车投掷物品的；

（三）在铁路、城市轨道交通线路、桥梁、隧道、涵洞处挖掘坑穴、采石取沙的；

（四）在铁路、城市轨道交通线路上私设道口或者平交过道的。

第四十二条　擅自进入铁路、城市轨道交通防护网或者火车、城市轨道交通列车来临时在铁路、城市轨道交通线路上行走坐卧，抢越铁路、城市轨道，影响行车安全的，处警告或者五百元以下罚款。

第四十三条　有下列行为之一的，处五日以下拘留或者一千元以下罚款；情节严重的，处十日以上十五日以下拘留，可以并处一千元以下罚款：

（一）未经批准，安装、使用电网的，或者安装、使用电网不符合安全规定的；

（二）在车辆、行人通行的地方施工，对沟井坎穴不设覆盖物、防围和警示标志的，或者故意损毁、移动覆盖物、防围和警示标志的；

（三）盗窃、损毁路面井盖、照明等公共设施的；

（四）违反有关法律法规规定，升放携带明火的升空物体，有发生火灾事故危险，不听劝阻的；

（五）从建筑物或者其他高空抛掷物品，有危害他人人身安全、公私财产安全或者公共安全危险的。

第四十四条 举办体育、文化等大型群众性活动，违反有关规定，有发生安全事故危险，经公安机关责令改正而拒不改正或者无法改正的，责令停止活动，立即疏散；对其直接负责的主管人员和其他直接责任人员处五日以上十日以下拘留，并处一千元以上三千元以下罚款；情节较重的，处十日以上十五日以下拘留，并处三千元以上五千元以下罚款，可以同时责令六个月至一年以内不得举办大型群众性活动。

第四十五条 旅馆、饭店、影剧院、娱乐场、体育场馆、展览馆或者其他供社会公众活动的场所违反安全规定，致使该场所有发生安全事故危险，经公安机关责令改正而拒不改正的，对其直接负责的主管人员和其他直接责任人员处五日以下拘留；情节较重的，处五日以上十日以下拘留。

第四十六条 违反有关法律法规关于飞行空域管理规定，飞行民用无人驾驶航空器、航空运动器材，或者升放无人驾驶自由气球、系留气球等升空物体，情节较重的，处五日以上十日以下拘留。

飞行、升放前款规定的物体非法穿越国（边）境的，处十日以上十五日以下拘留。

第三节 侵犯人身权利、财产权利的行为和处罚

第四十七条 有下列行为之一的，处十日以上十五日以下拘留，并处一千元以上二千元以下罚款；情节较轻的，处五日以上十日以下拘留，并处一千元以下罚款：

（一）组织、胁迫、诱骗不满十六周岁的人或者残疾人进行恐怖、残忍表演的；

（二）以暴力、威胁或者其他手段强迫他人劳动的；

（三）非法限制他人人身自由、非法侵入他人住宅或者非法搜查他人身体的。

第四十八条 组织、胁迫未成年人在不适宜未成年人活动的经营场所从事陪酒、陪唱等有偿陪侍活动的，处十日以上十五日以下拘留，并处五千元以下罚款；情节较轻的，处五日以下拘留或者五千元以下罚款。

第四十九条 胁迫、诱骗或者利用他人乞讨的，处十日以上十五日以下拘留，可以并处二千元以下罚款。

反复纠缠、强行讨要或者以其他滋扰他人的方式乞讨的，处五日以下拘留或者警告。

第五十条 有下列行为之一的，处五日以下拘留或者一千元以下罚款；情节较重的，处五日以上十日以下拘留，可以并处一千元以下罚款：

（一）写恐吓信或者以其他方法威胁他人人身安全的；

（二）公然侮辱他人或者捏造事实诽谤他人的；

（三）捏造事实诬告陷害他人，企图使他人受到刑事追究或者受到治安管理处罚的；

（四）对证人及其近亲属进行威胁、侮辱、殴打或者打击报复的；

（五）多次发送淫秽、侮辱、恐吓等信息或者采取滋扰、纠缠、跟踪等方法，干扰他人正常生活的；

（六）偷窥、偷拍、窃听、散布他人隐私的。

有前款第五项规定的滋扰、纠缠、跟踪行为的，除依照前款规定给予处罚外，经公安机关负责人批准，可以责令其一定期限内禁止接触被侵害人。对违反禁止接触规定的，处五日以上十日以下拘留，可以并处一千元以下罚款。

第五十一条 殴打他人的，或者故意伤害他人身体的，处五日以上十日以下拘留，并处五百元以上一千元以下罚款；情节较轻的，处五日以下拘留或者一千元以下罚款。

有下列情形之一的，处十日以上十五日以下拘留，并处一千元以上二千元以下罚款：

（一）结伙殴打、伤害他人的；

（二）殴打、伤害残疾人、孕妇、不满十四周岁的人或者七十周岁以上的人的；

（三）多次殴打、伤害他人或者一次殴打、伤害多人的。

第五十二条 猥亵他人的，处五日以上十日以下拘留；猥亵精神病人、智力残疾人、不满十四周岁的人或者有其他严重情节的，处十日以上十五日以下拘留。

在公共场所故意裸露身体隐私部位的，处警告或者五百元以下罚款；情节恶劣的，处五日以上十日以下拘留。

第五十三条 有下列行为之一的，处五日以下拘留或者警告；情节较重的，处五日以上十日以下拘留，可以并处一千元以下罚款：

（一）虐待家庭成员，被虐待人或者其监护人要求处理的；

（二）对未成年人、老年人、患病的人、残疾人等负有监护、看护职责的人虐待被监护、看护的人的；

（三）遗弃没有独立生活能力的被扶养人的。

第五十四条 强买强卖商品，强迫他人提供服务或者强迫他人接受服务的，处五日以上十日以下拘留，并处三千元以上五千元以下罚款；情节较轻的，处五日以下拘留或者一千元以下罚款。

第五十五条 煽动民族仇恨、民族歧视，或者在出版物、信息网络中刊载民族歧视、侮辱内容的，处十日以上十五日以下拘留，可以并处三千元以下罚款；情节较轻的，处五日以下拘留或者三千元以下罚款。

第五十六条 违反国家有关规定，向他人出售或者提供个人信息的，处十日以上十五日以下拘留；情节较轻的，处五日以下拘留。

窃取或者以其他方法非法获取个人信息的，依照前款的规定处罚。

第五十七条 冒领、隐匿、毁弃、倒卖、私自开拆或者非法检查他人邮件、快件的，处警告或者一千元以下罚款；情节较重的，处五日以上十日以下拘留。

第五十八条 盗窃、诈骗、哄抢、抢夺或者敲诈勒索的，处五日以上十日以下拘留或者二千元以下罚款；情节较重的，处十日以上十五日以下拘留，可以并处三千元以下罚款。

第五十九条 故意损毁公私财物的，处五日以下拘留或者一千元以下罚款；情节较重的，处五日以上十日以下拘留，可以并处三千元以下罚款。

第六十条 以殴打、侮辱、恐吓等方式实施学生欺凌，违反治安管理的，公安机关应当依照本法、《中华人民共和国预防未成年人犯罪法》的规定，给予治安管理处罚、采取相应矫治教育等措施。

学校违反有关法律法规规定，明知发生严重的学生欺凌或者明知发生其他侵害未成年学生的犯罪，不按规定报告或者处置的，责令改正，对其直接负责的主管人员和其他直接责任人员，建议有关部门依法予以处分。

第四节　妨害社会管理的行为和处罚

第六十一条　有下列行为之一的，处警告或者五百元以下罚款；情节严重的，处五日以上十日以下拘留，可以并处一千元以下罚款：

（一）拒不执行人民政府在紧急状态情况下依法发布的决定、命令的；

（二）阻碍国家机关工作人员依法执行职务的；

（三）阻碍执行紧急任务的消防车、救护车、工程抢险车、警车或者执行上述紧急任务的专用船舶通行的；

（四）强行冲闯公安机关设置的警戒带、警戒区或者检查点的。

阻碍人民警察依法执行职务的，从重处罚。

第六十二条　冒充国家机关工作人员招摇撞骗的，处十日以上十五日以下拘留，可以并处一千元以下罚款；情节较轻的，处五日以上十日以下拘留。

冒充军警人员招摇撞骗的，从重处罚。

盗用、冒用个人、组织的身份、名义或者以其他虚假身份招摇撞骗的，处五日以下拘留或者一千元以下罚款；情节较重的，处五日以上十日以下拘留，可以并处一千元以下罚款。

第六十三条 有下列行为之一的，处十日以上十五日以下拘留，可以并处五千元以下罚款；情节较轻的，处五日以上十日以下拘留，可以并处三千元以下罚款：

（一）伪造、变造或者买卖国家机关、人民团体、企业、事业单位或者其他组织的公文、证件、证明文件、印章的；

（二）出租、出借国家机关、人民团体、企业、事业单位或者其他组织的公文、证件、证明文件、印章供他人非法使用的；

（三）买卖或者使用伪造、变造的国家机关、人民团体、企业、事业单位或者其他组织的公文、证件、证明文件、印章的；

（四）伪造、变造或者倒卖车票、船票、航空客票、文艺演出票、体育比赛入场券或者其他有价票证、凭证的；

（五）伪造、变造船舶户牌，买卖或者使用伪造、变造的船舶户牌，或者涂改船舶发动机号码的。

第六十四条 船舶擅自进入、停靠国家禁止、限制进入的水域或者岛屿的，对船舶负责人及有关责任人员处一千元以上二千元以下罚款；情节严重的，处五日以下拘留，可以并处二千元以下罚款。

第六十五条 有下列行为之一的，处十日以上十五日以下拘留，可以并处五千元以下罚款；情节较轻的，处五日以上十日以下拘留或者一千元以上三千元以下罚款：

（一）违反国家规定，未经注册登记，以社会团体、基金会、社会服务机构等社会组织名义进行活动，被取缔后，仍进行活动的；

（二）被依法撤销登记或者吊销登记证书的社会团体、基金会、社会服务机构等社会组织，仍以原社会组织名义进行活动的；

（三）未经许可，擅自经营按照国家规定需要由公安机关许可的行业的。

有前款第三项行为的，予以取缔。被取缔一年以内又实施的，处十日以上十五日以下拘留，并处三千元以上五千元以下罚款。

取得公安机关许可的经营者，违反国家有关管理规定，情节严重的，公安机关可以吊销许可证件。

第六十六条 煽动、策划非法集会、游行、示威，不听劝阻的，处十日以上十五日以下拘留。

第六十七条 从事旅馆业经营活动不按规定登记住宿人员姓名、有效身份证件种类和号码等信息的，或者为身份不明、拒绝登记身份信息的人提供住宿服务的，对其直接负责的主管人员和其他直接责任人员处五百元以上一千元以下罚款；情节较轻的，处警告或者五百元以下罚款。

实施前款行为，妨害反恐怖主义工作进行，违反《中华人民共和国反恐怖主义法》规定的，依照其规定处罚。

从事旅馆业经营活动有下列行为之一的，对其直接负责的主管人员和其他直接责任人员处一千元以上三千元以下罚款；情节严重的，处五日以下拘留，可以并处三千元以上五千元以下罚款：

（一）明知住宿人员违反规定将危险物质带入住宿区域，不予制止的；

（二）明知住宿人员是犯罪嫌疑人员或者被公安机关通缉的人员，不向公安机关报告的；

（三）明知住宿人员利用旅馆实施犯罪活动，不向公安机关报告的。

第六十八条 房屋出租人将房屋出租给身份不明、拒绝登记身份信息的人的，或者不按规定登记承租人姓名、有效身份证件种类和号码等信息的，处五百元以上一千元以下罚款；情节较轻的，处警告或者五百元以下罚款。

房屋出租人明知承租人利用出租房屋实施犯罪活动，

不向公安机关报告的，处一千元以上三千元以下罚款；情节严重的，处五日以下拘留，可以并处三千元以上五千元以下罚款。

第六十九条 娱乐场所和公章刻制、机动车修理、报废机动车回收行业经营者违反法律法规关于要求登记信息的规定，不登记信息的，处警告；拒不改正或者造成后果的，对其直接负责的主管人员和其他直接责任人员处五日以下拘留或者三千元以下罚款。

第七十条 非法安装、使用、提供窃听、窃照专用器材的，处五日以下拘留或者一千元以上三千元以下罚款；情节较重的，处五日以上十日以下拘留，并处三千元以上五千元以下罚款。

第七十一条 有下列行为之一的，处一千元以上三千元以下罚款；情节严重的，处五日以上十日以下拘留，并处一千元以上三千元以下罚款：

（一）典当业工作人员承接典当的物品，不查验有关证明、不履行登记手续的，或者违反国家规定对明知是违法犯罪嫌疑人、赃物而不向公安机关报告的；

（二）违反国家规定，收购铁路、油田、供电、电信、矿山、水利、测量和城市公用设施等废旧专用器材的；

（三）收购公安机关通报寻查的赃物或者有赃物嫌疑的物品的；

（四）收购国家禁止收购的其他物品的。

第七十二条　有下列行为之一的，处五日以上十日以下拘留，可以并处一千元以下罚款；情节较轻的，处警告或者一千元以下罚款：

（一）隐藏、转移、变卖、擅自使用或者损毁行政执法机关依法扣押、查封、冻结、扣留、先行登记保存的财物的；

（二）伪造、隐匿、毁灭证据或者提供虚假证言、谎报案情，影响行政执法机关依法办案的；

（三）明知是赃物而窝藏、转移或者代为销售的；

（四）被依法执行管制、剥夺政治权利或者在缓刑、暂予监外执行中的罪犯或者被依法采取刑事强制措施的人，有违反法律、行政法规或者国务院有关部门的监督管理规定的行为的。

第七十三条　有下列行为之一的，处警告或者一千元以下罚款；情节较重的，处五日以上十日以下拘留，可以并处一千元以下罚款：

（一）违反人民法院刑事判决中的禁止令或者职业禁止决定的；

（二）拒不执行公安机关依照《中华人民共和国反家庭暴力法》、《中华人民共和国妇女权益保障法》出具的禁止家庭暴力告诫书、禁止性骚扰告诫书的；

（三）违反监察机关在监察工作中、司法机关在刑事诉讼中依法采取的禁止接触证人、鉴定人、被害人及其近亲属保护措施的。

第七十四条 依法被关押的违法行为人脱逃的，处十日以上十五日以下拘留；情节较轻的，处五日以上十日以下拘留。

第七十五条 有下列行为之一的，处警告或者五百元以下罚款；情节较重的，处五日以上十日以下拘留，并处五百元以上一千元以下罚款：

（一）刻划、涂污或者以其他方式故意损坏国家保护的文物、名胜古迹的；

（二）违反国家规定，在文物保护单位附近进行爆破、钻探、挖掘等活动，危及文物安全的。

第七十六条 有下列行为之一的，处一千元以上二千元以下罚款；情节严重的，处十日以上十五日以下拘留，可以并处二千元以下罚款：

（一）偷开他人机动车的；

（二）未取得驾驶证驾驶或者偷开他人航空器、机动船舶的。

第七十七条 有下列行为之一的，处五日以上十日以下拘留；情节严重的，处十日以上十五日以下拘留，可以并处二千元以下罚款：

（一）故意破坏、污损他人坟墓或者毁坏、丢弃他人尸骨、骨灰的；

（二）在公共场所停放尸体或者因停放尸体影响他人

正常生活、工作秩序，不听劝阻的。

第七十八条 卖淫、嫖娼的，处十日以上十五日以下拘留，可以并处五千元以下罚款；情节较轻的，处五日以下拘留或者一千元以下罚款。

在公共场所拉客招嫖的，处五日以下拘留或者一千元以下罚款。

第七十九条 引诱、容留、介绍他人卖淫的，处十日以上十五日以下拘留，可以并处五千元以下罚款；情节较轻的，处五日以下拘留或者一千元以上二千元以下罚款。

第八十条 制作、运输、复制、出售、出租淫秽的书刊、图片、影片、音像制品等淫秽物品或者利用信息网络、电话以及其他通讯工具传播淫秽信息的，处十日以上十五日以下拘留，可以并处五千元以下罚款；情节较轻的，处五日以下拘留或者一千元以上三千元以下罚款。

前款规定的淫秽物品或者淫秽信息中涉及未成年人的，从重处罚。

第八十一条 有下列行为之一的，处十日以上十五日以下拘留，并处一千元以上二千元以下罚款：

（一）组织播放淫秽音像的；

（二）组织或者进行淫秽表演的；

（三）参与聚众淫乱活动的。

明知他人从事前款活动，为其提供条件的，依照前款的规定处罚。

组织未成年人从事第一款活动的，从重处罚。

第八十二条 以营利为目的，为赌博提供条件的，或者参与赌博赌资较大的，处五日以下拘留或者一千元以下罚款；情节严重的，处十日以上十五日以下拘留，并处一千元以上五千元以下罚款。

第八十三条 有下列行为之一的，处十日以上十五日以下拘留，可以并处五千元以下罚款；情节较轻的，处五日以下拘留或者一千元以下罚款：

（一）非法种植罂粟不满五百株或者其他少量毒品原植物的；

（二）非法买卖、运输、携带、持有少量未经灭活的罂粟等毒品原植物种子或者幼苗的；

（三）非法运输、买卖、储存、使用少量罂粟壳的。

有前款第一项行为，在成熟前自行铲除的，不予处罚。

第八十四条 有下列行为之一的，处十日以上十五日以下拘留，可以并处三千元以下罚款；情节较轻的，处五日以下拘留或者一千元以下罚款：

（一）非法持有鸦片不满二百克、海洛因或者甲基苯丙胺不满十克或者其他少量毒品的；

（二）向他人提供毒品的；

（三）吸食、注射毒品的；

（四）胁迫、欺骗医务人员开具麻醉药品、精神药品的。

聚众、组织吸食、注射毒品的，对首要分子、组织者依照前款的规定从重处罚。

吸食、注射毒品的，可以同时责令其六个月至一年以内不得进入娱乐场所、不得擅自接触涉及毒品违法犯罪人员。违反规定的，处五日以下拘留或者一千元以下罚款。

第八十五条 引诱、教唆、欺骗或者强迫他人吸食、注射毒品的，处十日以上十五日以下拘留，并处一千元以上五千元以下罚款。

容留他人吸食、注射毒品或者介绍买卖毒品的，处十日以上十五日以下拘留，可以并处三千元以下罚款；情节较轻的，处五日以下拘留或者一千元以下罚款。

第八十六条 违反国家规定，非法生产、经营、购买、运输用于制造毒品的原料、配剂的，处十日以上十五日以下拘留；情节较轻的，处五日以上十日以下拘留。

第八十七条 旅馆业、饮食服务业、文化娱乐业、出租汽车业等单位的人员，在公安机关查处吸毒、赌博、卖淫、嫖娼活动时，为违法犯罪行为人通风报信的，或者以其他方式为上述活动提供条件的，处十日以上十五日以下拘留；情节较轻的，处五日以下拘留或者一千元以上二千元以下罚款。

第八十八条 违反关于社会生活噪声污染防治的法律法规规定，产生社会生活噪声，经基层群众性自治组织、业主委员会、物业服务人、有关部门依法劝阻、调解和处理未能制止，继续干扰他人正常生活、工作和学习的，处五日以下拘留或者一千元以下罚款；情节严重的，处五日以上十日以下拘留，可以并处一千元以下罚款。

第八十九条 饲养动物，干扰他人正常生活的，处警告；警告后不改正的，或者放任动物恐吓他人的，处一千元以下罚款。

违反有关法律、法规、规章规定，出售、饲养烈性犬等危险动物的，处警告；警告后不改正的，或者致使动物伤害他人的，处五日以下拘留或者一千元以下罚款；情节较重的，处五日以上十日以下拘留。

未对动物采取安全措施，致使动物伤害他人的，处一千元以下罚款；情节较重的，处五日以上十日以下拘留。

驱使动物伤害他人的，依照本法第五十一条的规定处罚。

第四章 处罚程序

第一节 调　　查

第九十条 公安机关对报案、控告、举报或者违反治安管理行为人主动投案，以及其他国家机关移送的违反治安管理案件，应当立即立案并进行调查；认为不属于违反治安管理行为的，应当告知报案人、控告人、举报人、投案人，并说明理由。

第九十一条 公安机关及其人民警察对治安案件的调查，应当依法进行。严禁刑讯逼供或者采用威胁、引诱、欺骗等非法手段收集证据。

以非法手段收集的证据不得作为处罚的根据。

第九十二条 公安机关办理治安案件，有权向有关单位和个人收集、调取证据。有关单位和个人应当如实提供证据。

公安机关向有关单位和个人收集、调取证据时，应当告知其必须如实提供证据，以及伪造、隐匿、毁灭证据或者提供虚假证言应当承担的法律责任。

第九十三条 在办理刑事案件过程中以及其他执法办案机关在移送案件前依法收集的物证、书证、视听资料、电子数据等证据材料，可以作为治安案件的证据使用。

第九十四条 公安机关及其人民警察在办理治安案件时，对涉及的国家秘密、商业秘密、个人隐私或者个人信息，应当予以保密。

第九十五条 人民警察在办理治安案件过程中，遇有下列情形之一的，应当回避；违反治安管理行为人、被侵害人或者其法定代理人也有权要求他们回避：

（一）是本案当事人或者当事人的近亲属的；

（二）本人或者其近亲属与本案有利害关系的；

（三）与本案当事人有其他关系，可能影响案件公正处理的。

人民警察的回避，由其所属的公安机关决定；公安机关负责人的回避，由上一级公安机关决定。

第九十六条 需要传唤违反治安管理行为人接受调查的，经公安机关办案部门负责人批准，使用传唤证传唤。对现场发现的违反治安管理行为人，人民警察经出示人民警察证，可以口头传唤，但应当在询问笔录中注明。

公安机关应当将传唤的原因和依据告知被传唤人。对无正当理由不接受传唤或者逃避传唤的人，经公安机关办案部门负责人批准，可以强制传唤。

第九十七条 对违反治安管理行为人，公安机关传唤后应当及时询问查证，询问查证的时间不得超过八小时；涉案人数众多、违反治安管理行为人身份不明的，询问查证的时间不得超过十二小时；情况复杂，依照本法规定可能适用行政拘留处罚的，询问查证的时间不得超过二十四小时。在执法办案场所询问违反治安管理行为人，应当全程同步录音录像。

公安机关应当及时将传唤的原因和处所通知被传唤人家属。

询问查证期间，公安机关应当保证违反治安管理行为人的饮食、必要的休息时间等正当需求。

第九十八条 询问笔录应当交被询问人核对；对没有阅读能力的，应当向其宣读。记载有遗漏或者差错的，被询问人可以提出补充或者更正。被询问人确认笔录无误后，应当签名、盖章或者按指印，询问的人民警察也应当在笔录上签名。

被询问人要求就被询问事项自行提供书面材料的，应当准许；必要时，人民警察也可以要求被询问人自行书写。

询问不满十八周岁的违反治安管理行为人，应当通知其父母或者其他监护人到场；其父母或者其他监护人不能到场的，也可以通知其他成年亲属，所在学校、单位、居住地基层组织或者未成年人保护组织的代表等合适成年人到场，并将有关情况记录在案。确实无法通知或者通知后未到场的，应当在笔录中注明。

第九十九条 人民警察询问被侵害人或者其他证人，可以在现场进行，也可以到其所在单位、住处或者其提出的地点进行；必要时，也可以通知其到公安机关提供证言。

人民警察在公安机关以外询问被侵害人或者其他证人，应当出示人民警察证。

询问被侵害人或者其他证人，同时适用本法第九十八条的规定。

第一百条 违反治安管理行为人、被侵害人或者其他证人在异地的，公安机关可以委托异地公安机关代为询问，也可以通过公安机关的视频系统远程询问。

通过远程视频方式询问的，应当向被询问人宣读询问笔录，被询问人确认笔录无误后，询问的人民警察应当在笔录上注明。询问和宣读过程应当全程同步录音录像。

第一百零一条 询问聋哑的违反治安管理行为人、被侵害人或者其他证人，应当有通晓手语等交流方式的人提供帮助，并在笔录上注明。

询问不通晓当地通用的语言文字的违反治安管理行为人、被侵害人或者其他证人，应当配备翻译人员，并在笔录上注明。

第一百零二条 为了查明案件事实，确定违反治安管理行为人、被侵害人的某些特征、伤害情况或者生理状态，需要对其人身进行检查，提取或者采集肖像、指纹信息和血液、尿液等生物样本的，经公安机关办案部门负责人批准后进行。对已经提取、采集的信息或者样本，不得重复提取、采集。提取或者采集被侵害人的信息或者样本，应当征得被侵害人或者其监护人同意。

第一百零三条 公安机关对与违反治安管理行为有关的场所或者违反治安管理行为人的人身、物品可以进行检查。检查时，人民警察不得少于二人，并应当出示人民警察证。

对场所进行检查的，经县级以上人民政府公安机关负责人批准，使用检查证检查；对确有必要立即进行检查的，人民警察经出示人民警察证，可以当场检查，并应当全程同步录音录像。检查公民住所应当出示县级以上人民政府公安机关开具的检查证。

检查妇女的身体，应当由女性工作人员或者医师进行。

第一百零四条 检查的情况应当制作检查笔录，由检查人、被检查人和见证人签名、盖章或者按指印；被检查人不在场或者被检查人、见证人拒绝签名的，人民警察应当在笔录上注明。

第一百零五条 公安机关办理治安案件，对与案件有关的需要作为证据的物品，可以扣押；对被侵害人或者善意第三人合法占有的财产，不得扣押，应当予以登记，但是对其中与案件有关的必须鉴定的物品，可以扣押，鉴定后应当立即解除。对与案件无关的物品，不得扣押。

对扣押的物品，应当会同在场见证人和被扣押物品持有人查点清楚，当场开列清单一式二份，由调查人员、见证人和持有人签名或者盖章，一份交给持有人，另一份附卷备查。

实施扣押前应当报经公安机关负责人批准；因情况紧急或者物品价值不大，当场实施扣押的，人民警察应当及时向其所属公安机关负责人报告，并补办批准手续。公安机关负责人认为不应当扣押的，应当立即解除。当场实施扣押的，应当全程同步录音录像。

对扣押的物品，应当妥善保管，不得挪作他用；对不宜长期保存的物品，按照有关规定处理。经查明与案件无关或者经核实属于被侵害人或者他人合法财产的，应当登记后立即退还；满六个月无人对该财产主张权利或者无法查清权利人的，应当公开拍卖或者按照国家有关规定处理，所得款项上缴国库。

第一百零六条 为了查明案情，需要解决案件中有争议的专门性问题的，应当指派或者聘请具有专门知识的人员进行鉴定；鉴定人鉴定后，应当写出鉴定意见，并且签名。

第一百零七条 为了查明案情，人民警察可以让违反治安管理行为人、被侵害人和其他证人对与违反治安管理行为有关的场所、物品进行辨认，也可以让被侵害人、其他证人对违反治安管理行为人进行辨认，或者让违反治安管理行为人对其他违反治安管理行为人进行辨认。

辨认应当制作辨认笔录，由人民警察和辨认人签名、盖章或者按指印。

第一百零八条 公安机关进行询问、辨认、勘验，实施行政强制措施等调查取证工作时，人民警察不得少于二人。

公安机关在规范设置、严格管理的执法办案场所进行询问、扣押、辨认的，或者进行调解的，可以由一名人民警察进行。

依照前款规定由一名人民警察进行询问、扣押、辨认、调解的，应当全程同步录音录像。未按规定全程同步录音录像或者录音录像资料损毁、丢失的，相关证据不能作为处罚的根据。

第二节 决 定

第一百零九条 治安管理处罚由县级以上地方人民政府公安机关决定；其中警告、一千元以下的罚款，可以由公安派出所决定。

第一百一十条 对决定给予行政拘留处罚的人，在处罚前已经采取强制措施限制人身自由的时间，应当折抵。限制人身自由一日，折抵行政拘留一日。

第一百一十一条 公安机关查处治安案件，对没有本人陈述，但其他证据能够证明案件事实的，可以作出治安管理处罚决定。但是，只有本人陈述，没有其他证据证明的，不能作出治安管理处罚决定。

第一百一十二条 公安机关作出治安管理处罚决定

前，应当告知违反治安管理行为人拟作出治安管理处罚的内容及事实、理由、依据，并告知违反治安管理行为人依法享有的权利。

违反治安管理行为人有权陈述和申辩。公安机关必须充分听取违反治安管理行为人的意见，对违反治安管理行为人提出的事实、理由和证据，应当进行复核；违反治安管理行为人提出的事实、理由或者证据成立的，公安机关应当采纳。

违反治安管理行为人不满十八周岁的，还应当依照前两款的规定告知未成年人的父母或者其他监护人，充分听取其意见。

公安机关不得因违反治安管理行为人的陈述、申辩而加重其处罚。

第一百一十三条 治安案件调查结束后，公安机关应当根据不同情况，分别作出以下处理：

（一）确有依法应当给予治安管理处罚的违法行为的，根据情节轻重及具体情况，作出处罚决定；

（二）依法不予处罚的，或者违法事实不能成立的，作出不予处罚决定；

（三）违法行为已涉嫌犯罪的，移送有关主管机关依法追究刑事责任；

（四）发现违反治安管理行为人有其他违法行为的，在对违反治安管理行为作出处罚决定的同时，通知或者移送有关主管机关处理。

对情节复杂或者重大违法行为给予治安管理处罚，公安机关负责人应当集体讨论决定。

第一百一十四条 有下列情形之一的，在公安机关作出治安管理处罚决定之前，应当由从事治安管理处罚决定法制审核的人员进行法制审核；未经法制审核或者审核未通过的，不得作出决定：

（一）涉及重大公共利益的；

（二）直接关系当事人或者第三人重大权益，经过听证程序的；

（三）案件情况疑难复杂、涉及多个法律关系的。

公安机关中初次从事治安管理处罚决定法制审核的人员，应当通过国家统一法律职业资格考试取得法律职业资格。

第一百一十五条 公安机关作出治安管理处罚决定的，应当制作治安管理处罚决定书。决定书应当载明下列内容：

（一）被处罚人的姓名、性别、年龄、身份证件的名称和号码、住址；

（二）违法事实和证据；

（三）处罚的种类和依据；

（四）处罚的执行方式和期限；

（五）对处罚决定不服，申请行政复议、提起行政诉讼的途径和期限；

（六）作出处罚决定的公安机关的名称和作出决定的日期。

决定书应当由作出处罚决定的公安机关加盖印章。

第一百一十六条 公安机关应当向被处罚人宣告治安管理处罚决定书，并当场交付被处罚人；无法当场向被处罚人宣告的，应当在二日以内送达被处罚人。决定给予行政拘留处罚的，应当及时通知被处罚人的家属。

有被侵害人的，公安机关应当将决定书送达被侵害人。

第一百一十七条 公安机关作出吊销许可证件、处四千元以上罚款的治安管理处罚决定或者采取责令停业整顿措施前，应当告知违反治安管理行为人有权要求举行听证；违反治安管理行为人要求听证的，公安机关应当及时依法举行听证。

对依照本法第二十三条第二款规定可能执行行政拘留的未成年人，公安机关应当告知未成年人和其监护人有权要求举行听证；未成年人和其监护人要求听证的，公安机关应当及时依法举行听证。对未成年人案件的听证不公开举行。

前两款规定以外的案情复杂或者具有重大社会影响的案件，违反治安管理行为人要求听证，公安机关认为必要的，应当及时依法举行听证。

公安机关不得因违反治安管理行为人要求听证而加重其处罚。

第一百一十八条 公安机关办理治安案件的期限，自立案之日起不得超过三十日；案情重大、复杂的，经上一级公安机关批准，可以延长三十日。期限延长以二次为限。公安派出所办理的案件需要延长期限的，由所属公安机关批准。

为了查明案情进行鉴定的期间、听证的期间，不计入办理治安案件的期限。

第一百一十九条 违反治安管理行为事实清楚，证据确凿，处警告或者五百元以下罚款的，可以当场作出治安管理处罚决定。

第一百二十条 当场作出治安管理处罚决定的，人民警察应当向违反治安管理行为人出示人民警察证，并填写处罚决定书。处罚决定书应当当场交付被处罚人；有被侵害人的，并应当将决定书送达被侵害人。

前款规定的处罚决定书，应当载明被处罚人的姓名、违法行为、处罚依据、罚款数额、时间、地点以及公安机关名称，并由经办的人民警察签名或者盖章。

适用当场处罚，被处罚人对拟作出治安管理处罚的内容及事实、理由、依据没有异议的，可以由一名人民警察作出治安管理处罚决定，并应当全程同步录音录像。

当场作出治安管理处罚决定的，经办的人民警察应当在二十四小时以内报所属公安机关备案。

第一百二十一条 被处罚人、被侵害人对公安机关依照本法规定作出的治安管理处罚决定，作出的收缴、追缴决定，或者采取的有关限制性、禁止性措施等不服的，可以依法申请行政复议或者提起行政诉讼。

第三节 执 行

第一百二十二条 对被决定给予行政拘留处罚的人，由作出决定的公安机关送拘留所执行；执行期满，拘留所应当按时解除拘留，发给解除拘留证明书。

被决定给予行政拘留处罚的人在异地被抓获或者有其他有必要在异地拘留所执行情形的，经异地拘留所主管公安机关批准，可以在异地执行。

第一百二十三条 受到罚款处罚的人应当自收到处罚决定书之日起十五日以内，到指定的银行或者通过电子支付系统缴纳罚款。但是，有下列情形之一的，人民警察可以当场收缴罚款：

（一）被处二百元以下罚款，被处罚人对罚款无异议的；

（二）在边远、水上、交通不便地区，旅客列车上或者口岸，公安机关及其人民警察依照本法的规定作出罚款决定后，被处罚人到指定的银行或者通过电子支付系统缴纳罚款确有困难，经被处罚人提出的；

（三）被处罚人在当地没有固定住所，不当场收缴事后难以执行的。

第一百二十四条 人民警察当场收缴的罚款，应当自收缴罚款之日起二日以内，交至所属的公安机关；在水上、旅客列车上当场收缴的罚款，应当自抵岸或者到站之日起二日以内，交至所属的公安机关；公安机关应当自收到罚款之日起二日以内将罚款缴付指定的银行。

第一百二十五条 人民警察当场收缴罚款的，应当向被处罚人出具省级以上人民政府财政部门统一制发的专用票据；不出具统一制发的专用票据的，被处罚人有权拒绝缴纳罚款。

第一百二十六条 被处罚人不服行政拘留处罚决定，申请行政复议、提起行政诉讼的，遇有参加升学考试、子女出生或者近亲属病危、死亡等情形的，可以向公安机关提出暂缓执行行政拘留的申请。公安机关认为暂缓执行行政拘留不致发生社会危险的，由被处罚人或者其近亲属提出符合本法第一百二十七条规定条件的担保人，或者按每日行政拘留二百元的标准交纳保证金，行政拘留的处罚决定暂缓执行。

正在被执行行政拘留处罚的人遇有参加升学考试、子女出生或者近亲属病危、死亡等情形，被拘留人或者其近亲属申请出所的，由公安机关依照前款规定执行。被拘留人出所的时间不计入拘留期限。

第一百二十七条 担保人应当符合下列条件：

（一）与本案无牵连；

（二）享有政治权利，人身自由未受到限制；

（三）在当地有常住户口和固定住所；

（四）有能力履行担保义务。

第一百二十八条 担保人应当保证被担保人不逃避行政拘留处罚的执行。

担保人不履行担保义务，致使被担保人逃避行政拘留处罚的执行的，处三千元以下罚款。

第一百二十九条 被决定给予行政拘留处罚的人交纳保证金，暂缓行政拘留或者出所后，逃避行政拘留处罚的执行的，保证金予以没收并上缴国库，已经作出的行政拘留决定仍应执行。

第一百三十条 行政拘留的处罚决定被撤销，行政拘留处罚开始执行，或者出所后继续执行的，公安机关收取的保证金应当及时退还交纳人。

第五章 执法监督

第一百三十一条 公安机关及其人民警察应当依法、公正、严格、高效办理治安案件，文明执法，不得徇私舞弊、玩忽职守、滥用职权。

第一百三十二条 公安机关及其人民警察办理治安

案件，禁止对违反治安管理行为人打骂、虐待或者侮辱。

第一百三十三条 公安机关及其人民警察办理治安案件，应当自觉接受社会和公民的监督。

公安机关及其人民警察办理治安案件，不严格执法或者有违法违纪行为的，任何单位和个人都有权向公安机关或者人民检察院、监察机关检举、控告；收到检举、控告的机关，应当依据职责及时处理。

第一百三十四条 公安机关作出治安管理处罚决定，发现被处罚人是公职人员，依照《中华人民共和国公职人员政务处分法》的规定需要给予政务处分的，应当依照有关规定及时通报监察机关等有关单位。

第一百三十五条 公安机关依法实施罚款处罚，应当依照有关法律、行政法规的规定，实行罚款决定与罚款收缴分离；收缴的罚款应当全部上缴国库，不得返还、变相返还，不得与经费保障挂钩。

第一百三十六条 违反治安管理的记录应当予以封存，不得向任何单位和个人提供或者公开，但有关国家机关为办案需要或者有关单位根据国家规定进行查询的除外。依法进行查询的单位，应当对被封存的违法记录的情况予以保密。

第一百三十七条 公安机关应当履行同步录音录像运行安全管理职责，完善技术措施，定期维护设施设备，保障录音录像设备运行连续、稳定、安全。

第一百三十八条 公安机关及其人民警察不得将在办理治安案件过程中获得的个人信息，依法提取、采集的相关信息、样本用于与治安管理、查处犯罪无关的用途，不得出售、提供给其他单位或者个人。

第一百三十九条 人民警察办理治安案件，有下列行为之一的，依法给予处分；构成犯罪的，依法追究刑事责任：

（一）刑讯逼供、体罚、打骂、虐待、侮辱他人的；

（二）超过询问查证的时间限制人身自由的；

（三）不执行罚款决定与罚款收缴分离制度或者不按规定将罚没的财物上缴国库或者依法处理的；

（四）私分、侵占、挪用、故意损毁所收缴、追缴、扣押的财物的；

（五）违反规定使用或者不及时返还被侵害人财物的；

（六）违反规定不及时退还保证金的；

（七）利用职务上的便利收受他人财物或者谋取其他利益的；

（八）当场收缴罚款不出具专用票据或者不如实填写罚款数额的；

（九）接到要求制止违反治安管理行为的报警后，不及时出警的；

（十）在查处违反治安管理活动时，为违法犯罪行为人通风报信的；

（十一）泄露办理治安案件过程中的工作秘密或者其他依法应当保密的信息的；

（十二）将在办理治安案件过程中获得的个人信息，依法提取、采集的相关信息、样本用于与治安管理、查处犯罪无关的用途，或者出售、提供给其他单位或者个人的；

（十三）剪接、删改、损毁、丢失办理治安案件的同步录音录像资料的；

（十四）有徇私舞弊、玩忽职守、滥用职权，不依法履行法定职责的其他情形的。

办理治安案件的公安机关有前款所列行为的，对负有责任的领导人员和直接责任人员，依法给予处分。

第一百四十条 公安机关及其人民警察违法行使职权，侵犯公民、法人和其他组织合法权益的，应当赔礼道歉；造成损害的，应当依法承担赔偿责任。

第六章 附 则

第一百四十一条 其他法律中规定由公安机关给予行政拘留处罚的，其处罚程序适用本法规定。

公安机关依照《中华人民共和国枪支管理法》、《民用爆炸物品安全管理条例》等直接关系公共安全和社会治安秩序的法律、行政法规实施处罚的，其处罚程序适用本法规定。

本法第三十二条、第三十四条、第四十六条、第五十六条规定给予行政拘留处罚，其他法律、行政法规同时规定给予罚款、没收违法所得、没收非法财物等其他行政处罚的行为，由相关主管部门依照相应规定处罚；需要给予行政拘留处罚的，由公安机关依照本法规定处理。

第一百四十二条 海警机构履行海上治安管理职责，行使本法规定的公安机关的职权，但是法律另有规定的除外。

第一百四十三条 本法所称以上、以下、以内，包括本数。

第一百四十四条 本法自2026年1月1日起施行。

关于《中华人民共和国治安管理处罚法（修订草案）》的说明

——2023年8月28日在第十四届全国人民代表大会常务委员会第五次会议上

司法部部长　贺　荣

全国人民代表大会常务委员会：

我受国务院委托，现对《中华人民共和国治安管理处罚法（修订草案）》（以下简称修订草案）作说明。

一、修订的必要性和工作过程

党中央、国务院高度重视社会治安管理工作。习近平总书记强调，要强化社会治安整体防控，依法严惩群众反映强烈的各类违法犯罪活动。李强总理要求强化社会治安综合治理。现行治安管理处罚法自2006年3月1日施行以来，在维护社会治安秩序，保障公共安全，保护公民、法人和其他组织的合法权益等方面发挥了重要作用。随着全面依法治国深入推进、社会治安形势发展变化，在工作中也发现一些问题，急需通过修改完善治安管理处罚法加以解决。一是我国社会治安管理领域出现了新情况新问题，诸如高空抛物、无人机“黑飞”、“软暴力”、侵害个人信息权益等情形需要纳入治安管理处罚范围。二是国家治理体系和治理能力现代化水平不断提高，治安管理工作中一些好的机制和做法需要通过法律形式予以确认。三是公安机关执法规范化建设持续推进，治安管理智能化水平不断提升，治安管理处罚程序需要予以优化、完善。

修订治安管理处罚法是全国人大常委会和国务院2023年度立法工作计划项目。按照党中央、国务院决策部署，针对治安管理工作面临的新形势、新要求，公安部在深入研究论证和公开征求意见的基础上，起草并向国务院报送了治安管理处罚法（修订送审稿）。收到此件后，司法部先后两次大范围征求各地区、各部门意见，赴地方进行实地调研，多次听取专家和企业、行业协会意见，与全国人大有关方面反复沟通，会同公安部修改形成了修订草案。修订草案已经国务院常务会议讨论通过。

二、修订的总体思路和主要内容

修订草案深入贯彻习近平法治思想，全面贯彻落实总体国家安全观，一是强调社会治安综合治理工作要坚持党的领导；二是立足及时有效化解矛盾纠纷、维护社会治安秩序，将新出现的影响社会治安的行为纳入管理范围，并增加相应的处罚措施；三是与新修订的行政处罚法等其他法律衔接协调，进一步合理设定处罚措施和幅度，优化处罚程序。修订草案共六章一百四十四条，修订的主要内容包括：

（一）坚持党的领导。在现行法规定“各级人民政府应当加强社会治安综合治理，采取有效措施，化解社会矛盾，增进社会和谐，维护社会稳定”的基础上，明确规定“社会治安综合治理工作坚持中国共产党领导”，并规定县级以上人民政府有关部门在各自职责范围内做好社会治安综合治理相关工作。

（二）增列违反治安管理应予处罚的行为。一是将考试作弊、组织领导传销、从事有损英雄烈士保护等行为增列为扰乱公共秩序的行为并给予处罚。二是将以抢夺方向盘等方式妨碍公共交通工具驾驶、升放携带明火的孔明灯、高空抛物、治安保卫重点单位拒不整改治安隐患、无人机“黑飞”等行为增列为妨害公共安全的行为并给予处罚。三是将违反证人保护措施、采取滋扰纠缠等方法干扰他人正常生活、虐待所监护的幼老病残人员、违法出售或者提供公民个人信息等行为增列为侵犯人身、财产权利的行为并给予处罚。四是将娱乐场所和特定行业经营者不履行信息登记或者报送义务、非法使用窃听窃照器材、非法生产经营制毒物品等行为增列为妨害社会管理的行为并给予处罚。

（三）合理设定处罚措施和幅度。一是推进治安管理处罚与当事人自行和解、人民调解委员会调解相衔接，明确对于因民间纠纷引起的打架斗殴或者损毁他人财物等情节较轻的违反治安管理行为，当事人自行和解或者经人民调解委员会调解达成协议并履行，书面申请经公安机关认可的，不予处罚。二是增加从轻处罚规定，建立认错认罚从宽制度。三是将六个月内曾受过治安管理处罚的从重处罚情形延长至一年；规定已满十四周岁不满十六周岁或者七十周岁以上的违反治安管理行为人，一年内二次以上违反治安管理的，可以执行行政拘留。四是根据经济社会发展水平适当提高罚款幅度，并重点针对非法携带枪支弹药进入公共场所、拒不整改大型群众性活动安全事故隐患、非法以社会组织名义活动、在公共场所拉客招嫖等行为加大处罚力度。

（四）优化处罚程序。一是完善立案、集体讨论决定、法制审核等程序规定，与新修订的行政处罚法相衔接。二是增加规定对事实清楚、违反治安管理行为人自愿认错认罚并同意适用快速办理的，公安机关可以通过简化取证方式和审核审批手续等措施快速办理，同时明确不适用快速办理的情形。三是明确公安机关进行调解、当场处罚和在执法办案场所进行询问等可由一名人民警察处理的情形，并要求公安机关履行安全管理职责，保障录音录像设备运行连续、稳定、安全。四是完善强制传唤、询问查证、场所检查程序，增加对异地询问及远程视频询问制度的规定。五是增加公安机关实施人身检查、采集人体生物识别信息的职权，并对个人信息保护提出要求。六是将参加升学考试、子女出生或者近亲属病危、死亡等增加为被处罚人可以提出暂缓执行行政拘留的情形。

（五）加强对未成年人的保护。一是对涉及损害未成年人权益的行为，明确规定从重处罚。二是规定询问不满十六周岁的违反治安管理行为人，其父母或者其他监护人不能到场的，可以通知其他合适成年人到场。三是增加对未成年人违反治安管理记录封存制度的规定。

此外，为进一步做好治安管理处罚法与刑法的衔接，修订草案增加规定：违反治安管理的行为构成犯罪，应当依法追究刑事责任的，不得以治安管理处罚代替刑事处罚。

修订草案和以上说明是否妥当，请审议。

全国人民代表大会宪法和法律委员会关于《中华人民共和国治安管理处罚法（修订草案）》修改情况的汇报

全国人民代表大会常务委员会：

常委会第五次会议对治安管理处罚法修订草案进行了初次审议。会后，法制工作委员会将修订草案印发各省（自治区、直辖市）人大常委会、中央有关部门和部分高等院校、研究机构、基层立法联系点等征求意见。在中国人大网全文公布修订草案，征求社会公众意见。宪法和法律委员会、法制工作委员会到湖南、广东、江苏、云南、山东等地调研，召开座谈会听取意见，就一些重要问题会同有关方面共同研究。宪法和法律委员会于5月31日召开会议，根据常委会组成人员的审议意见和各方面的意见，对修订草案进行了逐条审议。中央政法委、全国人大监察司法委、司法部、公安部有关负责同志列席了会议。6月18日，宪法和法律委员会召开会议，再次进行了审议。现将治安管理处罚法修订草案主要问题修改情况汇报如下：

一、有的部门、地方提出，为适应实践需要，与有关航空安全等国际条约衔接，建议在修订草案中增加规定，“在外国船舶和航空器内发生的违反治安管理行为，依照中华人民共和国缔结或者参加的国际条约，中华人民共和国行使管辖权的，适用本法。”宪法和法律委员会经研究，建议采纳上述意见。

二、有的常委会组成人员、地方、单位、专家学者和社会公众提出，为保护公民合法权益，维护社会公平正义，有必要在本法中明确公民对不法侵害行为有权采取防卫性措施。宪法和法律委员会经研究，建议增加一条规定，“为了免受正在进行的不法侵害而采取的制止行为，造成损害的，不属于违反治安管理行为，明显超过必要限度，造成不应有的损害的，应当减轻或者免除处罚。”

三、有的常委委员、部门、地方和社会公众提出，当前未成年人违法犯罪的形势严峻，现行的治安管理处罚措施不足以教育和惩戒违法的未成年人，建议本法与预防未成年人犯罪法规定的相关矫治教育措施做好衔接。宪法和法律委员会经研究，建议增加规定，对依法不予处罚或者不执行行政拘留处罚的未成年人，公安机关应当“依照《中华人民共和国预防未成年人犯罪法》的规定采取相应矫治教育措施。”

四、有的常委委员、全国人大代表、部门、地方、单位和社会公众提出，对于违反无线电管理、违规飞行

“无人机”、侵害公民个人信息、行业经营者不按规定登记信息、违反规定产生社会生活噪声等行为，有关法律、行政法规等规定了法律责任，建议本法根据过罚相当原则，完善处罚层次，与其他有关处罚规定做好衔接。宪法和法律委员会经研究，建议对于上述违法行为，在原来只规定了拘留处罚的基础上，增加警告、罚款处罚方式。

五、修订草案第三十四条对“在公共场所或者强制他人在公共场所穿着、佩戴有损中华民族精神、伤害中华民族感情的服饰、标志”、“制作、传播、宣扬、散布有损中华民族精神、伤害中华民族感情的物品或者言论”等行为规定了治安管理处罚。有的常委委员、全国人大代表、部门、地方、单位、专家学者和社会公众提出，“有损中华民族精神”、“伤害中华民族感情”等表述，主观色彩较强，各有各的理解，其含义在立法上不易界定、在执法中不易把握，担心执法中会损害公众的正当权益和正常生活。宪法和法律委员会经研究，综合考虑各种因素和执法需要，建议不再使用“有损中华民族精神”、“伤害中华民族感情”的表述，将修订草案第三十四条应予治安管理处罚的行为修改为：（一）在国家举行庆祝、纪念、缅怀、公祭等重要活动的场所及周边管控区域，故意从事与活动主题和氛围相违背的行为，不听劝阻，造成严重不良社会影响的；（二）在英雄烈士纪念设施保护范围内从事有损纪念英雄烈士环境和氛围的活动，不听劝阻的，或者侵占、破坏、污损英雄烈士纪念设施的；(三) 以侮辱、诽谤或者其他方式侵害英雄烈士的姓名、肖像、名誉、荣誉，损害社会公共利益的；(四) 亵渎、否定英雄烈士事迹和精神，或者制作、传播、散布宣扬、美化侵略战争、侵略行为的言论或者物品，扰乱公共秩序的；（五）在公共场所或者强制他人在公共场所穿着、佩戴宣扬、美化侵略战争、侵略行为的服饰、标志，造成不良社会影响的。

六、修订草案第八十七条对饲养动物干扰他人正常生活以及放任动物恐吓他人、驱使动物伤害他人规定了治安管理处罚。有的常委委员、部门和地方提出，违规养犬、犬只伤人事件时有发生，危害他人人身安全，修订草案规定的处罚范围过窄，建议修改完善。宪法和法律委员会经研究，建议增加规定对“违反有关法律法规规定，出售、饲养烈性犬等危险动物”，以及“致使动物伤害他人”的治安管理处罚。

七、有的常委会组成人员、部门、地方、单位、专家学者和社会公众建议，按照规范和保障执法，尊重和保障人权的要求，进一步完善有关处罚程序规定。宪法和法律委员会经研究，建议作以下修改：一是增加规定，询问查证违反治安管理行为人、当场检查场所和由一名人民警察作出治安管理处罚决定等三类情形，应当全程同步录音录像，并规定了剪接、删改、损毁、丢失录音录像资料的法律责任。二是规范提取、采集有关信息、样本的程序规定，明确条件和范围。三是进一步扩大治安管理处罚听证的案件范围，保障当事人合法权益和公正执法。四是增加规定，正在执行行政拘留处罚的人遇有特定情形可以申请出所。

此外，还对修订草案作了一些文字修改。

修订草案二次审议稿已按上述意见作了修改，宪法和法律委员会建议提请本次常委会会议继续审议。

修订草案二次审议稿和以上汇报是否妥当，请审议。

全国人民代表大会宪法和法律委员会

2024 年 6 月 25 日

全国人民代表大会宪法和法律委员会关于《中华人民共和国治安管理处罚法（修订草案）》审议结果的报告

全国人民代表大会常务委员会：

常委会第十次会议对治安管理处罚法修订草案进行了二次审议。会后，法制工作委员会将修订草案印发部分省（自治区、直辖市）人大常委会、中央有关部门和部分高等院校、研究机构、基层立法联系点等征求意见。在中国人大网全文公布修订草案，征求社会公众意见。宪法和法律委员会、法制工作委员会到广西、贵州、海南、天津、北京、四川、内蒙古、广东等地调研，宪法和法律委员会、监察和司法委员会、法制工作委员会联合召开座谈会听取意见，就一些重要问题会同有关方面共同研究，就修订草案有关问题作好解释说明，积极回应社会关切。宪法和法律委员会于4月1日召开会议，根据常委会组成人员的审议意见和各方面的意见，对修订草案进行了逐条审议。监察和司法委员会、司法部、公安部有关负责同志列席了会议。6月16日，宪法和法律委员会召开会议，再次进行了审议。宪法和法律委员会认为，修订草案经过两次审议修改，已经比较成熟。同时，提出以下主要修改意见：

一、有的常委委员、部门、地方建议进一步规范和加强治安案件调解工作。宪法和法律委员会经研究，建议增加规定，“调解处理治安案件，应当查明事实，并遵循合法、公正、自愿、及时的原则”。

二、有的常委委员、部门、地方和专家学者提出，修订草案二次审议稿第三十二条、第三十四条、第四十七条、第五十六条对相应违法行为规定了罚款、拘留等处罚，其他有关法律、行政法规对同样行为也规定了罚款等处罚，为做好衔接，建议罚款等处罚由有关主管部门依照相关规定进行，对其中情节严重，应当给予拘留处罚的，由公安机关依照本法处罚。宪法和法律委员会经研究，建议采纳上述意见，本法有关条文中不再设置罚款处罚，同时在附则有关法律适用衔接的规定中增加一款，明确这种情况下的法律适用。

三、有的部门、地方和专家学者提出，实践中有的酒吧、歌厅等经营场所存在组织、胁迫未成年人从事陪酒陪唱等有偿陪侍的情况，危害未成年人身心健康，扰乱社会秩序，建议将这种行为纳入治安管理处罚。宪法和法律委员会经研究，建议采纳上述意见。

四、有的部门、地方、专家学者和社会公众提出，本法和反恐怖主义法均对提供住宿服务未按规定登记、查验住宿人员身份信息规定了处罚，建议进一步明确适用，对日常工作中发现不履行治安防范责任的行为适用本法规定给予处罚，反恐怖主义法应当适用于妨害反恐怖主义工作的行为。宪法和法律委员会经研究，建议采纳上述意见。

五、有的常委会组成人员、部门、地方、单位、专家学者和社会公众建议进一步规范和保障执法，完善有关处罚程序规定。宪法和法律委员会经研究，建议作以下修改补充：一是将人民警察依照本法出示的“执法证件”明确为“人民警察证”。二是完善关于扣押的审批手续，并增加规定当场扣押应当全程同步录音录像。三是进一步严格规范适用“一人执法”的情形和条件。四是进一步明确涉未成年人案件举行听证的情形，并增加规定听证不公开举行、听证期间不计入办案期限。

六、党的二十届三中全会决定提出，建立轻微犯罪记录封存制度。有的常委会组成人员、部门、地方、专家学者和社会公众提出，贯彻落实党的二十届三中全会精神，对治安违法记录也应予以封存。宪法和法律委员会经研究，建议采纳上述意见。

此外，还对修订草案二次审议稿作了一些文字修改。

6月6日，法制工作委员会召开会议，邀请部分全国人大代表、基层执法部门人员、企业和相关专家学者等就修订草案主要制度规范的可行性、出台时机、实施的社会效果和可能出现的问题等进行评估。普遍认为，修订草案坚持问题导向，坚持尊重和保障人权，坚持处罚法定、过罚相当，积极回应人民群众关切，及时补充新的违法行为，完善处罚幅度，加强规范和保障执法，针对性、可操作性强，非常及时、必要，出台后将为提高治安管理处罚工作法治化水平、建设更高水平平安中国提供有力保障。修订草案充分吸收了各方面意见，已经比较成熟，建议尽快通过。与会人员还对修订草案提出了一些具体修改意见，有的意见已经采纳。

修订草案三次审议稿已按上述意见作了修改，宪法和法律委员会建议提请本次常委会会议审议通过。

修订草案三次审议稿和以上报告是否妥当，请审议。

全国人民代表大会宪法和法律委员会

2025年6月24日

全国人民代表大会宪法和法律委员会关于《中华人民共和国治安管理处罚法（修订草案三次审议稿）》修改意见的报告

全国人民代表大会常务委员会：

本次常委会会议于6月24日下午对治安管理处罚法修订草案三次审议稿进行了分组审议。普遍认为，修订草案已经比较成熟，建议进一步修改后，提请本次常委会会议表决通过。同时，有些常委会组成人员和列席人员还提出了一些修改意见和建议。宪法和法律委员会于6月24日晚召开会议，逐条研究了常委会组成人员和列席人员的审议意见，对修订草案进行统一审议。监察和司法委员会、司法部、公安部有关负责同志列席了会议。宪法和法律委员会认为，修订草案是可行的，同时，提出以下修改意见：

一、修订草案三次审议稿第十九条对制止不法侵害行为的责任问题作了规定。有的常委委员建议进一步明确规定，制止不法侵害行为不受处罚，同时进一步完善本条文字表述。宪法和法律委员会经研究，建议采纳上述意见，将本条修改为，“为了免受正在进行的不法侵害而采取的制止行为，造成损害的，不属于违反治安管理行为，不受处罚；制止行为明显超过必要限度，造成较大损害的，依法给予处罚，但是应当减轻处罚；情节较轻的，不予处罚。”

二、修订草案三次审议稿第一百条对公安机关通过远程视频方式询问有关人员作了规定。有的常委委员提出，远程视频询问应当通过公安机关的视频系统进行，以保障执法活动的规范和严肃性。宪法和法律委员会经研究，建议采纳上述意见。

三、根据审议意见，对修订草案三次审议稿作了若干表述性修改：一是将第十三条中“严加看管”修改为“加强看护管理”；二是将第五十三条第一项中“被虐待人”修改为“被虐待人或者其监护人”；三是将第六十条第一款中“实施学生欺凌，有殴打、侮辱、恐吓等行为”修改为“以殴打、侮辱、恐吓等方式实施学生欺凌”；四是将第七十一条第一项中“明知是违法犯罪嫌疑人、赃物，不向公安机关报告的”修改为“违反国家规定对明知是违法犯罪嫌疑人、赃物而不向公安机关报告的”。

有的常委会组成人员还对本法通过后加强宣传解读、及时出台配套实施细则等提出了意见。宪法和法律委员会建议有关部门认真研究常委会组成人员的有关意见建议，在法律实施过程中，扎实做好法律宣传工作，及时出台配套规定，切实保障法律的贯彻实施。

经与有关部门研究，建议将修订后的治安管理处罚法的施行时间确定为2026年1月1日。

此外，根据常委会组成人员的审议意见，还对修订草案三次审议稿作了个别文字修改。

修订草案修改稿已按上述意见作了修改，宪法和法律委员会建议提请本次常委会会议审议通过。

修订草案修改稿和以上报告是否妥当，请审议。

全国人民代表大会宪法和法律委员会

2025年6月26日